Giulia Fontana & Lorenz Keyßer
OHNE FLUGZEUG UM DIE WELT

Giulia Fontana | Lorenz Keyßer

OHNE FLUGZEUG UM DIE WELT

KLIMABEWUSST UNTERWEGS UND GLÜCKLICH

lübbe life

Dieser Titel ist auch als Hörbuch und E-Book erschienen

Anmerkung der Autoren: Die Schilderungen in diesem Buch beruhen auf unserer Reise, die wir 2018/2019 unternommen haben. Zum Schutz der Rechte der Personen haben wir bis auf wenige Ausnahmen, die uns explizit die Erlaubnis dazu erteilt haben, sämtliche Namen verändert. In diesem Buch haben wir versucht, möglichst auf Geschlechtsspezifizierungen zu verzichten oder männliche und weibliche Ausdrucksformen zu verwenden. Uns ist bewusst, dass dieses Vorgehen Menschen jenseits der Zweigeschlechtlichkeit zum Teil nicht berücksichtigt. Dennoch wollen wir ausdrücklich betonen, dass dabei immer alle Geschlechter mitgemeint sind.

Klimaneutral
Druckprodukt
ClimatePartner.com/53248-1911-1020

FSC
www.fsc.org

MIX
Papier aus verantwor-
tungsvollen Quellen
FSC® C014496

Originalausgabe

Copyright © 2020 by Bastei Lübbe AG, Köln
Textredaktion: Angela Kuepper, München
Umschlaggestaltung: ZERO Werbeagentur, München
unter Verwendung eines Motivs von © Daniel Maximilian Timken
und Sebastian James Woodhouse
Satz: two-up, Düsseldorf
Gesetzt aus der Arno
Druck und Verarbeitung: GGP Media GmbH, Pößneck
Printed in Germany
ISBN 978-3-431-07003-3

1   3   5   4   2

Sie finden uns im Internet unter www.luebbe.de
Bitte beachten Sie auch: www.lesejury.de

Für unsere Eltern

Inhalt

Prolog

Es ist unglaublich heiß und stickig. Schweiß fließt in Strömen von unseren Körpern. Dröhnender Maschinenlärm umgibt uns. Dadum-dadum-dadum-dadum, tönt es im schnellen Takt der mannshohen Zylinder des gigantischen Hauptmotors. Zähes, über einhundertvierzig Grad heißes Schweröl fließt durch seine Adern, mehr als vier Tonnen in der Stunde. Wir spüren die Vibrationen in jeder Faser unseres Körpers. Unsere Handschuhe sind schwarz, eingetaucht in Öl.

In unseren blauen Arbeitsanzügen stehen wir im Maschinenraum eines Frachtschiffs, dessen Route mitten durch das Ostchinesische Meer verläuft, und schrauben einen riesigen Generator auseinander. Die Muttern sitzen unglaublich fest. Lorenz verhakt zwei große Mutternschlüssel ineinander, um einen längeren Hebel zu bekommen, und braucht dennoch all seine Kraft, um sie zu lösen. Der Erste Ingenieur beugt sich lächelnd vom Generator zu uns herunter und schreit: »Ganz schön … anstrengend, was? Da braucht man … kaum noch Krafttraining …« Seine Stimme dringt gerade so durch den Gehörschutz und den Maschinenlärm, wir beide nicken fleißig und wischen uns den Schweiß von der Stirn.

Es sind verrückte Situationen wie diese, in denen wir kurz innehalten, uns ansehen und verwundert fragen, wie wir noch mal hierhergekommen sind. Waren wir nicht gerade eben noch im altbekannten Vorlesungssaal an der technischen Universität in Zürich, haben partielle Differenzialgleichungen gelöst, über eine bessere Welt philosophiert und waren todsicher, dass wir Europa für lange Zeit nicht verlassen würden?

Tja, das ist eine längere Geschichte, und sie hat an einem Ort ihren Anfang genommen, wo schon viele weltbewegende Ideen geboren wurden: zu Hause auf dem Sofa.

1 Eine völlig verrückte Idee

Wir beide stecken tief im Herbstsemester 2017 der Umweltwissenschaften in Zürich. Es ist ein typischer Oktobertag: Der Himmel ist grau, es regnet und windet ein wenig. Zudem ist Sonntag – perfekt also für eine kurze Pause vom Studieren: auf dem Sofa sitzen, Tee trinken, quatschen und philosophieren. Genau dafür haben wir uns heute mit unserer Freundin Rosa verabredet. Die gemeinsame Zeit im Vorstand eines Nachhaltigkeitsprojektes hat Giulia und Rosa bereits zu Beginn ihres Studiums zusammengeschweißt. Lorenz ist ein Jahr später hinzugestoßen, als er zum Studieren nach Zürich zog. Seitdem haben wir viele Abende gemeinsam verbracht, um zu arbeiten, zu kochen und zu diskutieren.

Da klingelt es auch schon an der Tür. Wir springen auf und begrüßen Rosa. Jeder mit einer Tasse heißem Tee in der Hand, setzen wir uns ins Wohnzimmer aufs Sofa. Rosa erzählt von ihrer neuen Stelle als Englischlehrerin, und natürlich löchern wir sie wegen ihrer bevorstehenden Hochzeit mit Franz. Sie soll in Sydney stattfinden. Die beiden planen nicht einfach nur, zum Heiraten nach Australien zu gehen, sondern dorthin auszuwandern, was uns natürlich sehr traurig stimmt. Rosa ist Australierin und hat den größten Teil ihres Lebens in Sydney verbracht. Sie hat dort Familie und Freunde. Während eines Sommers verliebte sie sich in Franz, der während seines Doktorats für einen längeren Austausch in Sydney lebte. Zwei Jahre später zogen die beiden gemeinsam nach Zürich, wo Rosa ihr Masterstudium absolvierte und unsere Wege sich kreuzten.

»Hab ich euch das schon erzählt? Franz und ich haben beschlossen, die Zeremonie und das Fest im Ruderclub abzuhalten. Wir haben uns dort kennengelernt und ziemlich viel Zeit miteinander verbracht. Es ist ein wichtiger Ort für uns«, erzählt uns Rosa. Ganz nebenbei sagt sie noch: »Ach, Giulia ... also, ich fände es sehr schön, wenn du meine Trauzeugin werden würdest.«

Giulia ist begeistert. Sie fühlt sich geehrt, dass Rosa sie fragt. Liebend gern möchte sie die Rolle der Trauzeugin ihrer Freundin übernehmen. Doch dies sind nicht die einzigen Gefühle, die in diesem Augenblick in ihr und Lorenz aufsteigen ...

Vorfreude auf die Hochzeitsparty im sonnigen Sydney? Nebenher baden an den Traumstränden Australiens? Ein Helikopterflug über das Great Barrier Reef und danach der obligatorische Road Trip durch das Outback? Lauter Sehnsuchtsorte? Fehlanzeige.

Statt uns zu freuen, werden wir nachdenklich. Vor ein paar Jahren haben wir beide uns fest vorgenommen, nie mehr in ein Flugzeug zu steigen. Als Umweltstudierende beschäftigen wir uns tagtäglich mit den wissenschaftlichen Fakten rund um die Klimakrise, und diese sprechen eine überdeutliche Sprache: weiterhin steigende Treibhausgasemissionen. Tödliche Hitzewellen. Starkniederschläge. Wachsende globale Ungerechtigkeiten aufgrund der Klimaveränderungen. Artensterben ... All das und noch viel mehr ist längst Realität.

Und immer wieder ist es die Luftfahrt, die einen großen Anteil an der menschengemachten Klimakrise trägt und stark am Wachsen ist, allerdings nur von einer kleinen Minderheit genutzt wird. Könnte da nicht einfach ein klimafreundliches Wunderflugzeug erfunden werden, wie in regelmäßigen Abständen von der Flugindustrie angekündigt wird? Die Chancen dafür stehen im notwendigen Zeitraum und in der nötigen Größenordnung leider schlecht. Auch was die Kompensationsprojekte angeht, ist es nicht gesichert, dass sie tatsächlich die angegebenen Emissionen einsparen, besonders über den Zeitraum von mindestens hundert Jahren, die das CO_2 aus dem Flug in der Luft bleibt. Zudem bewirken die Kompensationen nun wirklich keine Reduktion des Fliegens. Aber wenn wir nun einfach nicht fliegen: Würde das Flugzeug nicht auch ohne uns abheben? Doch wenn man genauer hinschaut, dann stimmt auch das nicht: Jeder Einzelne macht einen Unterschied. Insbesondere, wenn es um den dringend notwendigen Kulturwandel hin zu langsamerem Reisen geht. Natürlich braucht es noch viel mehr, aber wieso nicht im Hier und Jetzt anfangen und Teil dieser Veränderung werden?

Den schädlichen Einfluss des Fliegens auf das Klima können wir nicht einfach ignorieren, nicht einmal für die Hochzeit von Rosa und Franz. Auch wir kennen das kribbelnde Gefühl von Fernweh, doch das allein würde niemals reichen, um uns umzustimmen und auf Kosten der Mehrheit aller Menschen nach Sydney oder sonst wohin zu fliegen.

Andererseits: Reisen ist nicht nur Abenteuer. Es bedeutet auch Besuche bei Verwandten und Freunden, das Vertiefen von emotionalen Bindungen, eine Öffnung in die Welt hinaus. Fremde Länder zeigen uns die Vielfalt an Lebenswelten auf dieser Erde und auch immer wieder, dass uns Menschen mehr verbindet als uns trennt.

All diese Gedanken kreisen in unseren Köpfen, während wir im gemütlichen Wohnzimmer in Zürich sitzen.

»Ich würde liebend gern deine Trauzeugin sein«, sagt Giulia in die Stille hinein zu Rosa. »Wer weiß, vielleicht gibt es ja irgendeine Möglichkeit, ohne Flugzeug nach Australien zu reisen.« Ein Satz, der einfach so aus dem Moment heraus fällt und aus dem nach und nach eine völlig verrückte Idee entsteht.

»Ich habe ab Sommer eigentlich keine Vorlesungen mehr, die ich besuchen muss. Ich muss zwar noch ein Praktikum machen und meine Masterarbeit schreiben ... aber das kann ich eigentlich überall tun«, überlegt Giulia.

Bei Lorenz sieht es ganz ähnlich aus, bei ihm wartet die Bachelorarbeit. Zeit zu reisen hätten wir also ...

»Australien ist ganz schön weit weg. Das liegt auf der anderen Seite der Welt«, sagt Lorenz. »Ohne Flugzeug – das wäre echt verrückt.«

»Aber toll wäre das schon, wenn ihr kämt«, findet Rosa.

Und so schwelgen wir auf unserem Sofa in unseren Tagträumen von Australien. Wir glauben aber alle nicht daran, dass sich diese Gedankenspiele jemals in etwa Wirkliches verwandeln könnten ...

2 Exkurs: Die Klimakrise – was steht auf dem Spiel, und was hat das eigentlich mit dem Fliegen zu tun?

Was bedeutet »menschengemachte Klimakrise« überhaupt?

Bei derzeit lediglich 1 Grad Celsius Erhitzung im Vergleich zur vorindustriellen Zeit ist die Klimakrise bereits für sehr viele Menschen schmerzhafte Realität. So etwa in den europäischen Hitzesommern 2017, 2015, 2013, 2010 und 2003 (im Moment des Schreibens zählt auch 2018 dazu),[1] die bereits Zehntausenden Menschen das Leben kosteten.[2] Mit den katastrophalen Starkniederschlägen in Nigeria, anderen afrikanischen Staaten,[3] Indien, Nepal und Bangladesch,[4,5,6] mit Hurrikan Harvey und weiteren Wirbelstürmen.[7] Mit den ausufernden Waldbränden in den USA, Australien und anderswo sowie vielen weiteren Katastrophen.[8,9]

All diese Ereignisse wurden durch Treibhausgase, wie CO_2 aus der Verbrennung von Kohle, Öl und Gas, und deren erhitzende Wirkung auf das Klima verschlimmert, wenn nicht verursacht. Die besonders Leidtragenden? Menschen, die wenig Ressourcen haben, um sich vor solchen zum großen Teil menschengemachten Katastrophen zu schützen. Speziell betroffen sind Menschen des globalen Südens,[10,11] und hier meistens Frauen, die sich besonders häufig von Subsistenzlandwirtschaft ernähren und wenige Ressourcen zur Verfügung haben.[12] Zu den in hohem Ausmaß betroffenen Gruppen gehören auch indigene Bevölkerungen, beispielsweise in Australien oder Südamerika, da auch ihnen meist wenig Mittel zur Verfügung stehen. Dazu kommen viele Millionen Menschen besonders in ärmeren Ländern, die durch den Meeresspiegelanstieg ihre Heimat und Lebensgrundlage verlieren können, wie zahlreiche Inselstaaten oder auch viele asiatische Länder.[13]

Dieses Wissen ist alles andere als neu. Bereits in den 1970er-Jahren wurden die grundlegenden Zusammenhänge verstanden, interessanterweise besonders vom Ölkonzern ExxonMobile.[14,15,16] Im Jahr 1990, da waren wir beide noch nicht einmal geboren, waren diese Erkenntnisse allgemein zugänglich, denn es erschien der erste Bericht des Weltklimarats (häufig auch »Intergovernmental Panel on Climate Change« oder kurz »IPCC« genannt). Inzwischen hat die Menschheit den Temperaturbereich des Holozäns, der mehr als zehntausendjährigen erdgeschichtlichen Epoche, in der die Menschheit ihre Landwirtschaft entwickelte und welche dadurch an diese klimatischen Bedingungen angepasst ist, verlassen – und dies in einer unglaublichen Geschwindigkeit, für die es kaum erdgeschichtliche Analoga gibt, zumindest keines, das die Menschheit miterlebt hat.[17] Daher sprechen viele Forschende bereits vom Anthropozän, dem erdgeschichtlichen Zeitalter, in welchem Menschen die natürlichen geologischen Kreisläufe dominieren.[18] Sollte das globale Klimaziel von 2 Grad Celsius verfehlt werden, ist die nächste Eiszeit vom Terminkalender gestrichen.[19]

Es findet also ein gigantisches Experiment mit unseren Lebensgrundlagen statt. Und die globalen Treibhausgasemissionen? Trotz der vielen Klimaberichte und Klimakonferenzen, wissenschaftlichen Studien und staatlichen Abkommen hat sich nichts wesentlich geändert: Sie steigen fleißig weiter an, seit 1990 um ungefähr 67 Prozent[20] und mehr als verdoppelt seit 1970[21]. Aber wer ist eigentlich für all diese klimaschädlichen Emissionen verantwortlich?

Die Klimakrise als globales Gerechtigkeitsproblem

Einerseits lässt sich sagen, dass nur hundert Konzerne – die sogenannten Carbon Majors – für 71 Prozent der Emissionen von 1988 bis 2015 verantwortlich sind.[22] Das Bild wird komplexer, wenn man betrachtet, für wen diese Unternehmen produzieren bzw. wer von ihnen kauft. So sind die reichsten zehn Prozent der Menschheit für knapp die Hälfte der konsumbedingten Emissionen verantwortlich (das sind circa zwei Drittel aller Emissionen, das andere Drittel besteht aus staatlichem Konsum, Infrastruktur und internationalem Transport), während die ärmsten 50 Prozent der Menschheit nur knapp zehn Prozent dieser Emissionen ausstoßen.[23] Würde man die reichsten zehn Prozent auf das Durchschnittsemissionslevel von Europa bringen (also noch immer ein deutlich zu hohes Level), würden die konsumbedingten Emissionen um ein ganzes Drittel sinken – erreichbar innerhalb kürzester Zeit, nur durch weniger Konsum einer Minderheit.[24] Ein Großteil dieser reichsten zehn

Prozent lebt in den Industriestaaten des globalen Nordens, welche historisch gesehen den allergrößten Anteil an den kumulativen Treibhausgasemissionen der Menschheit seit dem Beginn der Industrialisierung im achtzehnten Jahrhundert haben.[25] Und hier haben Männer im Durchschnitt einen höheren Ausstoß als Frauen.[26] Zusammengefasst lässt sich durch all diese Fakten die Klimakrise als ein globales Gerechtigkeitsproblem begreifen – diejenigen, die sie verursachen, werden weniger darunter leiden und können sich am besten anpassen, während diejenigen, die besonders darunter leiden und sich am wenigsten schützen können, kaum etwas dazu beigetragen haben. Daher ist es an sich auch nicht korrekt, von »menschengemacht« und »Anthropozän« zu sprechen, wenn eigentlich nur eine Minderheit aller Menschen für diese Veränderungen verantwortlich ist.

Wo stehen wir, und was können die Auswirkungen der Klimakrise sein?

Um die schlimmsten Auswirkungen der Klimakrise zu verhindern, muss laut dem jüngsten Bericht des Weltklimarates der globale Temperaturanstieg bis 2100 auf 1,5 Grad Celsius begrenzt werden,[27] wobei selbst dieses Ziel nicht als »sicher« bezeichnet werden kann. Beispielsweise beinhaltet ein typisches Klimaszenario des Weltklimarats eine 50-prozentige Chance, das 1,5-Grad-Ziel zu erreichen, allerdings auch eine 33-prozentige, bei über 2 Grad Celsius, sowie eine zehnprozentige Chance, bei über 3 Grad Celsius zu landen.[28] Wenn eines von zehn Flugzeugen abstürzen würde, würden wir dann in den Flieger steigen? Allein die 0,5 Grad Celsius mehr zwischen 1,5 und 2 Grad Celsius setzen Hunderte Millionen Menschen mehr tödlichen Hitzewellen und Armut aus, weihen Inselstaaten dem Untergang, zerstören Korallenriffe vollständig, von deren Versorgungsfunktion wiederum Hunderte Millionen Menschen abhängen, und erhöhen das Risiko von positiven Rückkoppelungen im Klimasystem stark.[29] Positive Rückkoppelungen oder auch Kipppunkte (im Englischen als »Tipping Points« benannt) sind Veränderungen, die ab einer bestimmten Temperaturerhöhung stattfinden, danach nicht mehr aufhaltbar sind und meistens zu einer weiteren Erhitzung führen.[30,31] So beispielsweise das Auftauen des Permafrosts, das Milliarden von Tonnen Methan, ein hochpotentes Treibhausgas, freisetzen kann. Auch das Abschmelzen von Eismassen der Arktis bewirkt durch den Rückzug des Eises eine erhöhte Aufnahme von Strahlung und damit Erhitzung des Klimas (der sogenannte Albedo Effekt).[32] Bereits bei 2 Grad Celsius oder auch 1,5 Grad Celsius könnten wir einige dieser Punkte überschreiten – je heißer, desto höher das Risiko.[33] Es existieren massive Unsicherheiten über den genauen Schwellenwert dieser Kipppunkte. Allerdings hat sich gezeigt, dass die bisherigen Modellrechnungen der Klimaforschung beispielsweise das Abschmelzen des Permafrosts stark unterschätzt haben.[34,35] Zu all dem kommt, dass wir momentan eher um die 3 Grad Celsius bis Ende des Jahrhunderts anpeilen, und selbst das auch nur, wenn die Klimaschutzzusagen der Staaten eingehalten werden[36], was fraglich ist. Unser derzeitiger Emissionspfad folgt dem schlimmsten, in der wissenschaftlichen Sprache als »worst-case« bezeichneten Klimaszenario, auch wenn es von vielen Klimaforschenden als unwahrscheinlich angesehen wird.[37] Das würde uns in eine »Heißzeit« befördern mit absolut katastrophalen Konsequenzen weltweit. Ganze Weltregionen könnten nahezu unbewohnbar und viele andere menschenfeindlich werden.[38,39,40]

Was müssten wir also für den Erhalt unserer Lebensgrundlagen tun?

Um die Erhitzung mit einer 50-prozentigen Wahrscheinlichkeit auf 1,5 Grad Celsius zu begrenzen, müssen laut dem jüngsten Bericht des Weltklimarates die globalen Emissionen bis 2030 um die Hälfte sinken und bis 2050 auf netto null fallen[41] – radikale, kurzfristige Senkungen. Dabei ist zu beachten, dass selbst diese radikalen Szenarien, die vom Weltklimarat nur zusammengefasst werden, alle zwischen 100 und 1000 Milliarden Tonnen sogenannte negative Emissionen aufweisen.[42] »Netto null Emissionen« heißt demnach, dass die Senkungen, beispielsweise durch negative Emissionen, die menschlichen Treibhausgasemissionen ausbalancieren – dafür muss die letztendliche Verbrennung fossiler Brennstoffe nicht unbedingt aufhören. Diese negativen Emissionen werden erreicht beispielsweise durch großskalige Aufforstung oder das massenweise Anbauen von Biomasse mit anschließender Verbrennung und Verpressung des entstehenden CO_2 unter die Erde.[43] Letztere existiert derzeit nur in kleinen Testanlagen, mit unbewiesener Skalierbarkeit und ökonomischer Machbarkeit.[44] Generell ist die zentrale Stellung dieser Technologien und deren Anwendung in planetaren Größenordnungen in den Klimaschutzszenarien hoch umstritten, da eine große Unsicherheit über ihre tatsächliche Machbarkeit sowie die zahlreichen potenziellen Nebenwirkungen herrscht.[45,46,47,48] Würden wir uns heute auf die massenhafte Anwendung dieser Technologien verlassen und sich diese jedoch in ein paar Jahrzehnten als nicht machbar herausstellen, wären der Schaden und das Leid besonders für Menschen im globalen Süden sowie zukünftige Generationen massiv und unumkehrbar. Lässt man also solche spekulativen Technologien aus den Szenarien heraus, wären die kurzfristig notwendigen Reduktionen noch deutlich radikaler als ohnehin schon. Beispielsweise müsste Deutschland dann bereits bis circa 2035 auf null Emissionen kommen.[49] Bezieht man die historische Verantwortung Deutschlands als starker Verschmutzer mit ein, so müsste dies bereits 2030 der Fall sein. Global sieht es ähnlich aus: Unser CO_2-Budget für eine 66-prozentige Chance, unter 1,5 Grad Celsius zu bleiben, ist bei den derzeitigen globalen CO_2-Emissionen in etwa acht Jahren aufgebraucht.[50]

Diese Zahlen implizieren radikale Veränderungen in der Art und Weise, wie Menschen in industrialisierten Ländern leben. Denn all unsere Lebensbereiche basieren noch immer zum größten Teil auf fossilen Brennstoffen, sei es, wie wir unsere Wohnungen heizen, Nahrung anbauen, von A nach B kommen oder Elektrizität herstellen.[51] Um dem zu entgegnen und die CO_2-Emissionen schnell zu verringern, erkennt man aus einer Vogelperspektive drei Möglichkeiten.[52] Zuallererst können wir weniger konsumieren, also beispielsweise weniger oder gar nicht Auto fahren, fliegen oder tierische Nahrungsmittel essen, sowie weniger Strom verbrauchen. Dann können wir den Konsum auf weniger schädliche Alternativen verlagern, zum Beispiel auf das Fahrrad oder den öffentlichen Verkehr sowie pflanzliche Nahrungsmittel. Und zu guter Letzt können wir die Zusammensetzung des Konsums verbessern, also zum Beispiel die Energiequellen austauschen gegen erneuerbare Energien und Verbrennungs- gegen Elektroautos. Es gibt intensive Diskussionen darüber, welche dieser Kategorien überwiegen sollten oder müssen und wie die Auswirkungen davon sein werden, beispielsweise auf das Wirtschaftswachstum, gemessen im Bruttoinlandsprodukt (BIP). So ist eine Gruppe von Klimaschützenden davon überzeugt, dass das BIP schnell und stark genug vom CO_2-Ausstoß »entkoppelt« werden kann.[53,54] Eine solche »Entkoppelung« würde bedeuten, dass das BIP munter weiterwächst, wir also immer mehr Waren und Dienstleistungen produzieren und konsumieren, während die CO_2-Emissionen massiv, im Einklang mit den Klimazielen, sinken. Der Theorie nach soll dies unter anderem durch technologische Innovation, Effizienzsteigerungen und einen signifikanten Ausbau der erneuerbaren Energien ermöglicht werden.[55] Davon ist jedoch trotz dreißigjähriger Klimaschutzanstrengungen noch sehr wenig und auch nur in reichen Ländern zu spüren.[56,57] Von einer anderen Gruppe werden noch zudem viele Gründe genannt, warum das aller Wahrscheinlichkeit nach bei gleichzeitigem Wirtschaftswachstum auch so bleiben wird und Klimaziele weiterhin verfehlt werden.[58,59,60] Beispielsweise wachsen zwar global die erneuerbaren Energien in schnellem Tempo, allerdings wächst der totale Energiekonsum im Einklang mit dem Wirtschaftswachstum noch stärker und damit auch die Emissionen.[61] Diese Diskussion führt dann zu der Frage, ob wir nicht viel grundsätzlicher über unsere heutige Art und Weise des Lebens[62] und Wirtschaftens[63] reden müssen, um der Klimakrise effektiv zu begegnen. Darauf kommen wir am Ende des Buches noch einmal kurz zurück. Also, wie wir es auch drehen, auf die eine oder andere Art müssen sich unsere Lebensweisen innerhalb kürzester Zeit drastisch verändern. Was ist nun aber die Rolle der Luftfahrt in all dem?

Die Wichtigkeit der Luftfahrt

Die Luftfahrtindustrie macht zurzeit etwa 2,4 Prozent aller globalen jährlichen Emissionen aus fossilen Brennstoffen aus.[64] Klingt nach wenig? Ist es aber nicht. Zum Vergleich: Dies sind nur etwas weniger als die jährlichen Emissionen von Spanien, Polen und Großbritannien zusammen.[65] Zudem fehlt bei diesen 2,4 Prozent noch die sogenannte Nicht-CO_2-Klimawirkung der Luftfahrt, verursacht durch Kondensstreifen- sowie Ozon- und Wolkenbildung[66] (meist berechnet in CO_2-Äquivalenten, daher sprechen wir im Folgenden nur von CO_2). Diese zusätzliche Klimawirkung ist zwischen ein bis drei Mal so hoch wie nur durch das ausgestoßene CO_2.[67] Demnach hat Fliegen eher mindestens einen Anteil an der Erhitzung von 5 Prozent.[68] Sollten sich die derzeitigen Wachstumsprojektionen von 4,3 Prozent pro Jahr für diesen Sektor bewahrheiten, die totalen Emissionen aber sinken, wird der Anteil der Luftfahrt innerhalb weniger Jahre auf ganze 22 Prozent ansteigen.[69] Solch ein Anstieg ist inkompatibel mit dem oben gezeichneten Absenkungspfad für 1,5 Grad Celsius.[70,71]

Dazu kommt noch, dass es global betrachtet ein immenses Privileg ist, jemals ein Flugzeug von innen gesehen zu haben – nur weniger als zehn Prozent aller Menschen können dies von sich sagen.[72,73] Selbst innerhalb der Industriestaaten zeichnet sich ein ähnliches Bild ab: Beispielsweise sind in Großbritannien knapp 15 Prozent der Bevölkerung für 70 Prozent der Flüge verantwortlich, während die Hälfte der Bevölkerung weniger als einmal pro Jahr fliegt.[74]

Für die Menschen, die fliegen, ist dies mit hoher Wahrscheinlichkeit der dominierende Faktor in ihrem CO_2-Fußabdruck.[75,76,77] Bereits ein Flug von Berlin nach Sydney würde zwischen drei und fünf Tonnen CO_2 ausstoßen.[78,79] Der große Unsicherheitsbereich kommt primär durch die Nicht-CO_2-Klimawirkungen der Luftfahrt zustande. Drei bis fünf Tonnen sind mehr, als durch ein ganzes Jahr vegan oder ohne Auto zu leben eingespart werden würde[80]. Das sind natürlich alles ebenfalls wichtige Dinge; sie dienen hier lediglich als Vergleich und sollen nicht gegen das Fliegen ausgespielt werden. Für eine Vielfliegernation wie die Schweiz macht das Fliegen ganze 18 Prozent der gesamten Emissionen aus.[81] Bei prominenten Personen, die einen überdurchschnittlichen Einfluss auf soziale Normen haben, ist das Vielfliegen enorm ausgeprägt. Bill Gates zum Beispiel produzierte ganze 1600 Tonnen (!) CO_2 alleine durch das Fliegen im Jahr 2017 (und dies sogar ohne Berücksichtigung der Nicht-CO_2-Klimawirkung, verglichen mit fünf Tonnen CO_2 als den momentanen Weltdurchschnitt für allen Konsum, inklusive Fliegen).[82] In der Flugindustrie kristallisiert sich also der bereits benannte Gerechtigkeitskonflikt besonders stark heraus: Eine Minderheit lebt auf Kosten der Mehrheit. Dabei scheint es interessant, dass es häufig die Vielfliegenden sind, die sich als besonders umweltbewusst und progressiv einschätzen.[83] Allerdings kann dies damit erklärt werden, dass das Flugverhalten sehr stark vom Einkommen bestimmt wird und diese Gruppe häufig zu den Besserverdienenden gehört.[84] Auch in der Wissenschaft fliegen Klimaforschende sehr viel,[85] was häufig vom akademischen Umfeld gefordert und gefördert wird.[86]

Wo wir gerade bei der Forschung sind, wäre es bei all diesen Problemen des Fliegens nicht möglich, eine Art »grünes« Fliegen zu entwickeln?

Kann man das Flugproblem technologisch lösen?

Um weiterhin die globale Luftfahrt am Leben zu erhalten, werden viele Hoffnungen in technologische Lösungen des Flugproblems gesetzt.[87] Nicht zuletzt von der Flugindustrie selbst, aber auch von ökologisch orientierten Menschen.[88] Doch die Chancen dafür, zumindest im nötigen Maßstab und zum nötigen Zeitpunkt, stehen schlecht.[89,90,91]

Grundsätzlich gibt es drei Ansatzpunkte für Emissionsreduktionen. Einmal kann die Flugtechnik effizienter gestaltet werden, zum Beispiel durch aerodynamische Außenhäute oder spezielles Flügeldesign.[92] Dadurch wurden in der Vergangenheit starke Effizienzsteigerungen erreicht. Allerdings sind diese Gewinne im gleichen Zeitraum durch das Wachstum des Flugsektors massiv überkompensiert worden[93] – ein Phänomen, das unter dem Namen »Rebound-Effekt« wohlbekannt ist.[94] Zweitens können Flugrouten besser geplant und an die Wetterbedingungen angepasst werden, wodurch primär die oben beschriebenen Nicht-CO_2-Wirkungen, wie zum Beispiel durch Kondensstreifen, verringert werden sollen. Allerdings gibt es bei solchen Änderungen hohe Barrieren, wie etwa die bereits sehr starke Belastung der Lufträume, sowie die nötige internationale Koordination und Probleme bei der Vorhersage der Wetterbedingungen.[95] Zu guter Letzt können die Antriebstechnik geändert und Treibstoffe ausgetauscht werden. Hier werden zum Beispiel häufig elektrische Flugzeuge genannt. Allerdings sind diese Jahrzehnte von der Marktreife entfernt – Batterien haben schlicht eine zu geringe Energiedichte[96] und noch dazu ihre ganz eigenen Umweltprobleme.[97] Vielversprechender scheinen Bio-Treibstoffe zu sein – also flüssige Treibstoffe, die aus nachwachsenden Rohstoffen wie Ölpflanzen, Holz oder Algen gewonnen werden und Kerosin ersetzen sollen.[98] Aber auch hier gibt es bei genauerer Betrachtung ernsthafte Probleme: Bio-Treibstoffe werden ebenfalls von anderen Sektoren als Klimaschutzoption eingeplant, wie beispielsweise der Schifffahrt,[99] haben jedoch in großskaliger Nutzung viele potenzielle Risiken und Nebenwirkungen: Konkurrenz zu Nahrungsmittelanbau, weiterer Schaden an Ökosystemen, Waldzerstörung sowie Schäden an Boden und Wasser.[100,101] Zudem würden die Nicht-CO_2-Klimawirkungen kaum verringert werden.[102] Ähnliche Probleme treffen auf synthetische Treibstoffe zu, hergestellt aus Sonnenlicht oder Strom, Wasser und CO_2. Sie sind noch teuer und werden nur in kleinen Testanlagen[103] unter hohem Flächen- und Ressourcenverbrauch[104] hergestellt. Es ist zudem unwahrscheinlich, dass die Nicht-CO_2-Klimawirkungen substanziell verringert werden.[105] Zu guter Letzt müsste für einen klimaneutralen Betrieb der gesamte Lebenszyklus des Treibstoffs CO_2-frei sein, von den Minen für die Metalle über den Aufbau der Anlagen und die Extraktion des CO_2 aus der Luft bis zum Transport des Treibstoffs. Das ist momentan nicht gegeben, und es erscheint uns zweifelhaft, dass sich dies in wenigen Jahren ändern kann. Wohin auch geschaut wird, es ist keinerlei »grüne« Luftfahrt im großen Maßstab in Sicht – vor allem, wenn man bedenkt, dass die Emissionen innerhalb kürzester Zeit halbiert und danach auf null gesenkt werden müssen.

Man kann also sagen, dass alles, was nicht im Hier und Jetzt verfügbar ist, kein großer Teil der Lösung ist. Wir möchten betonen, dass diese Punkte nicht per se gegen die Anwendung und Entwicklung beispielsweise von synthetischen Treibstoffen sprechen. Sie können sicher Teil der Lösung sein, allerdings, wie hier dargestellt, nicht ohne eine starke Reduktion des Flugverkehrs. Liest man jedoch hin und wieder die Zeitung, findet man ein regelmäßiges Aufbrausen der Berichterstattung über »grüne« Wunderflugzeuge als Allheilmittel, die dann aber schnell wieder in den Schubladen verschwindet. Sie verfehlt jedoch ihre Wirkung nicht, indem sie suggeriert, dass das »grüne Fliegen« kurz vor dem Durchbruch stünde und es keinerlei Reduktion bedürfe – eine gelungene Aufbesserung des öffentlichen Status für die Flugindustrie.[106] Diese setzt selbst bei ihren Emissionsreduktionen meist nur auf Effizienzgewinne bei der Verbrennung herkömmlicher Treibstoffe, die dann vom starken Wachstum der Luftfahrt überkompensiert werden.[107] In bestimmten Klimaszenarien wird auch das Wachstum der Luftfahrt beibehalten oder nur leicht gebremst und dann durch die oben beschriebenen risikoreichen und unsicheren negativen Emissionen ausbalanciert,[108] was aus den genannten Gründen sehr problematisch ist.

Ein weiteres beliebtes Klimaschutzinstrument bei der Industrie, zumindest auf dem Papier, sind sogenannte »Kompensationen«.[109,110] Und es gibt gute Gründe dafür, dies in Gänsefüßchen zu schreiben, wie wir im Folgenden sehen werden.

Kompensationen für das gute Gewissen?

Unter »Kompensationen« versteht man normalerweise das Kaufen eines Zertifikats für eine bestimmte Menge Treibhausgas (meist in CO_2-Äquivalenten), welches angibt, dass an einem anderen Ort eine ebenso große Menge eingespart oder der Atmosphäre entzogen wurde.[111] Das Geld für das Zertifikat geht dann an Klimaprojekte, wie Aufforstung, effiziente Essenskocher oder erneuerbare Energien für Familien im globalen Süden.[112] Wieso also nicht einfach eines dieser Kompensationszertifikate kaufen, 124 Euro zahlen und von Berlin via Singapur nach Sydney fliegen? Es sprechen ganz einfach zu viele Gründe gegen diese Projekte.

Um die ausgestoßenen Emissionen so zu kompensieren, dass letzten Endes keine Erhitzung des Klimas stattfindet, muss sichergestellt werden, dass die Projekte diese Menge CO_2 über einen Zeitraum von mindestens hundert Jahren (so lange bleibt CO_2 in der Luft und hat einen erhitzenden Effekt) einsparen oder binden. Kein Projekt dieser Welt kann dies mit wissenschaftlicher Glaubwürdigkeit von sich behaupten – über solch lange Zeiträume gibt es schlicht zu viele Unsicherheiten und Nebenwirkungen, welche oftmals sogar zu einer Erhöhung der Emissionen führen.[113] Nehmen wir das Beispiel der erneuerbaren Energien. Sie ermöglichen den angeschlossenen Familien etwa die Nutzung eines Fernsehers, der dann Auto- oder Motorradwerbung zeigt. Es braucht nur ein zusätzliches Auto, welches in der Herstellung bereits mehrere Tonnen CO_2 ausstößt, ganz zu schweigen vom Fahren. So wichtig solche Projekte auch sein können für die Armutsbekämpfung (wobei es da wieder ganz eigene Probleme gibt)[114] und so sehr jeder Mensch das Recht auf sauberen Strom hat, es ist keine CO_2-Kompensation, sondern kann durch hoch unsichere, komplexe Wechselwirkungen genauso gut zu einem Mehr an Emissionen führen. So belegt eine Studie für die Europäische Kommission, dass nur circa zwei Prozent der Kompensationsprojekte der Vereinten Nationen (bekannt als »Clean Development Mechanism«) mit hoher Wahrscheinlichkeit zu zusätzlichen Emissionsreduktionen geführt haben.[115] Ähnliche Probleme gibt es in der Aufforstung, die zwar, richtig durchgeführt, zentral für die Erhaltung unserer Ökosysteme ist.[116] Allerdings ist sie anfällig für an vielen Orten häufiger werdende Waldbrände oder Baumkrankheiten[117] – ein Risiko, das über die für das Klima relevanten hundert Jahre durchaus sehr hoch sein kann. Weiterhin existiert die Gefahr, dass die lokale Bevölkerung, meist im globalen Süden, von ihrem Land vertrieben wird, um diese Wälder zu pflanzen oder auch Wasserkraft auszubauen (auch »Land Grabbing« genannt).[118] Oftmals finden sich solche Projekte nicht einmal zusätzlich zum Status quo – ohnehin stattfindende Projekte werden im Nachhinein als

Klimaprojekte registriert und damit Geld verdient, allerdings keinerlei zusätzliches CO_2 eingespart.[119]

Fakt ist jedoch: Wir müssen ab heute unsere Emissionen radikal kürzen. »Kompensationen« ermöglichen es, dass weiterhin viel geflogen wird und Veränderungen aufgeschoben werden. Gegenüber all den vielen Unsicherheiten bei der »Kompensation« ist beim Fliegen allerdings sicher, dass in die Erweiterung von Flughäfen und in weitere Öl-Erschließung investiert sowie eine Kultur des Vielfliegens gefördert wird, während das CO_2 direkt aus dem Flug noch für hundert Jahre das Klima erhitzt.[120] Das Resultat ist ein sogenannter »Lock-in«: Langfristige Investitionen in klimaschädliche Infrastruktur sind besonders schwer rückgängig zu machen.

Bei all dem stellt sich wieder die Gerechtigkeitsfrage: Denn mit »Kompensationen« ist es für reichere Menschen, häufig aus dem globalen Norden, leicht, sich aus dem Problem herauszukaufen und dabei nichts am eigenen klimaschädlichen Verhalten zu ändern. Stattdessen sollen dann Menschen im globalen Süden dieses CO_2 einsparen, obwohl sie so oder so bereits einen kleinen CO_2-Fußabdruck haben – dies wird oft auch als »grüner Kolonialismus« benannt.[121] All diese Gründe zeigen, dass Fliegen und »Kompensieren« nicht zum benötigten Wandel führen und stattdessen vom eigentlichen Problem ablenken: Wie reduzieren wir möglichst schnell unsere Flugreisen?

Was kann nun jede einzelne Person tun?

Die Reduktion des Flugverkehrs ist also unabdingbar. Vielleicht kann eine gewisse Anzahl an Flugzeugen aufgrund von Bio- oder synthetischen Kraftstoffen in der Luft gehalten werden,[122,110] doch dann müssen wir uns als Gesellschaft fragen, wer diese wann benutzen sollte. Das Gleiche gilt natürlich auch für die wenigen verbleibenden Flüge mit fossilen Brennstoffen, die noch getätigt werden können. Man muss diskutieren, wer dieses Privileg am dringendsten benötigt – diejenigen, die am meisten dafür zahlen können?

Doch was kann nun eine Einzelperson überhaupt tun angesichts der großen, kurzfristigen Veränderungen, die nötig sind, um eine katastrophale Klimakrise zu verhindern? So mussten wir uns oft anhören, dass das Flugzeug ja auch ohne uns fliegen würde und unsere Entscheidung dagegen somit sinnlos sei. Doch dieses Argument ist bei genauerem Hinsehen nicht stichhaltig. Flugzeuge fliegen, weil sich mit ihrem Betrieb ein Profit erwirtschaften lässt, und dieser kommt nur zustande, wenn genügend Flugtickets verkauft werden. Ein leeres Flugzeug würde nicht abheben, da es sich ökonomisch nicht lohnen würde. Nimmt die Nachfrage ab, werden also auch die jeweiligen Fluglinien reduziert oder eingestellt. Es ist allerdings unmöglich festzustellen, welcher Fluggast bei einem spezifischen Flug genau den nötigen Ausschlag gegeben hat, dass das Flugzeug nun abhebt oder nicht. Daher bleibt nur die Schlussfolgerung: Jede Passagierin und jeder Passagier zählt und hat einen Einfluss darauf, ob das Fluggeschäft rentabel bleibt, und damit, ob das Flugzeug tatsächlich fliegt oder eben nicht.[123] Das ist aber nicht der einzige positive Einfluss und wahrscheinlich auch nicht der wichtigste, den ein individuelles Nichtfliegen hat. Studien zeigen, dass man einen großen Effekt auf das eigene soziale Umfeld, besonders Freunde und Familie, aber auch das weitere Umfeld, zum Beispiel durch soziale Medien, hat.[124,125] Andere Menschen werden durch solche persönlichen Entscheidungen zum Nachdenken angeregt. Es wird vermittelt, dass diese Veränderungen machbar, normal, spannend und wünschenswert sind. Durch solche Effekte multiplizieren sich persönliche Handlungen.[126] So etwas trägt dann zu einem dringend benötigten Kulturwandel bei, der die Werte der ganzen Gesellschaft beeinflussen kann – beispielsweise weg vom schnellen Um-die-Welt-Jetten und hin zu langsamerem, dafür aber bewussterem Reisen in der näheren Umgebung.

Etwas, das tatsächlich bereits stattfindet. Plötzlich gibt es das Phänomen »Flugscham«, das in Schweden als »flygskam« aufkam und sich schnell verbreitet hat.[127] Unter »Flugscham« wird ein persönliches Gefühl des Sichschämens verstanden, das man beim Fliegen verspürt und das aus einer Selbstreflexion zum eigenen Flugverhalten und dessen Folgen resultiert. Doch ist das einfach nur ein Gefühl ohne Konsequenzen für die eigenen Handlungen? Giulias letzter Flug hat sich für sie so falsch angefühlt, dass sie noch im Flugzeug entschieden hat, nie wieder eines zu betreten. In Schweden verzeichnete die Flugbranche im August 2019 zehn Prozent weniger Inlandsflüge als im Vorjahresmonat. Auch in den ersten acht Monaten des Jahres sanken die Inlandsflüge um neun Prozent.[128] Ein sogenannter »Greta-Effekt« (nach der jungen Klimaaktivistin Greta Thunberg benannt, die ihre Reisen jeweils ohne Flugzeug antritt)? Das ist natürlich schwierig zurückzuverfolgen, denn schließlich könnten alle möglichen Gründe zu einer Reduktion der Flüge geführt haben, wie etwa das Wetter. Allerdings zeigt eine Studie des World Wildlife Fund (WWF), dass eine von fünf Personen in Schweden der Umwelt zuliebe den Zug vor dem Flugzeug gewählt hat.[129] Und auch die Flughafenchefin von Göteborg sieht als Treiberin hinter den sinkenden Flugzahlen klar die Klimadebatte.[130]

Man kann also schnell eine Vorbildfunktion für andere haben, besonders wenn man eine gesellschaftlich einflussreichere Position innehat, beispielsweise als Mensch in der Forschung, Politik, im Journalismus oder auch auf sozialen Medien. In Anbetracht der großen und strukturellen Veränderungen, vor denen wir stehen, ist allerdings klar, dass es bei Weitem nicht ausreichend ist, nur als isolierte, konsumierende Einzelperson zu handeln. Wir werden auf diesen Punkt am Ende des Buches zurückkommen.

3 Telefonkonferenz-Marathon

Lorenz rennt die Treppenstufen herunter, dreht sich kurz um, wirft einen Handkuss in Richtung Giulia, die noch an der Tür steht. Draußen springt er auf sein Fahrrad und saust im Eiltempo die Einfahrt hinunter, blickt kurz nach links, rechts, links und fährt gleich darauf im Sprint Richtung Uni. Es ist ein klarer, kalter Morgen im November, die Sonne scheint, und die Vögel zwitschern. Die Alpen thronen weiß am Horizont über dem tiefblauen Zürichsee.

Lorenz ist mal wieder viel zu spät dran für seine Vorlesung. Das Fahrrad anschließen, ein kurzes, peinliches Als-Letzter-in-den-Vorlesungssaal-Kommen, zuhören, mitschreiben, mitdenken. In den Pausen Mails checken und antworten. Dann zur Sitzung mit der studentischen Nachhaltigkeitskommission unserer Hochschule zum Stand ihrer Strategie zur Reduktion ihrer Flugemissionen. Danach wieder Vorlesung und das Auslandssemester in Leeds, Großbritannien, organisieren.

Giulia hat ein ähnliches Programm. Zu Hause fürs Studium arbeiten, dann Vorlesung und Sitzungen von diversen Projekten, Treffen mit dem Mensateam der Nachhaltigkeitswoche, das eng mit den Kantinen zusammenarbeitet, um nachhaltige Ernährung zu fördern. Danach noch eine Sitzung, Assistenzjob, anschließend lernen für Prüfungen.

Kurz und gut: Wir sind ziemlich im Stress. Zwischen Prüfungen, Vorlesungen, unserer Freiwilligenarbeit, Assistenz- und Wochenendjobs bleibt nur wenig Zeit, eine Reise ans andere Ende der Welt zu planen. Überhaupt erscheint uns die Vorstellung ziemlich vage, und wir haben Zweifel an der Durchführbarkeit dieses Unterfangens. Gedanken wie »Wir wissen ja noch gar nicht, ob das überhaupt klappen könnte«, »Na ja, mal schauen, vielleicht funktioniert's, vielleicht auch nicht« oder »So eine Schnapsidee« überwiegen zu diesem Zeitpunkt. Doch unter all der Skepsis glimmt der Funke der Faszination und sorgt dafür, dass wir das Thema nicht gänzlich fallen lassen. Inmitten von Seminararbeiten und Prüfungsvorbereitungen schaffen wir es, eine kleine Kaffeerunde mit Freunden zu organisieren, die schon einmal eine weitere Reise ohne Flugzeug unternommen haben. Sie erzählen uns von den Vorzügen des langsamen Reisens, den besonderen Begegnungen in Zügen, und wir kritzeln eifrig die vielen, uns hilfreich erscheinenden Adressen, Webseiten und Informationen in unsere Notizbücher.

Ole, unser Freund, sagt ganz direkt: »Wenn ihr schon so langsam reisen wollt, dann bleibt doch gleich ein ganzes Jahr!«

So weit haben wir noch gar nicht gedacht, aber es macht Sinn. Wenn schon, dann richtig! Jedoch müssen wir erst einmal dort hinkommen, und ob wir das schaffen, steht noch in den Sternen.

Nach diesem Austausch fühlen wir uns jedenfalls darin bestärkt, dass unsere Reise vielleicht doch nicht so unmöglich ist, wie wir anfangs dachten.

Als wir beide den ersten Schwung Prüfungen hinter uns

gebracht haben, Weihnachten vorbei ist und wir einen Kurzurlaub in Halle bei Lorenz' Familie einlegen, haben wir endlich Zeit, uns näher mit unserer Idee zu beschäftigen. Die kleine Stadt in Sachsen-Anhalt trägt mit ihrer ruhigen und gemütlichen Winteratmosphäre dazu bei. Auf gemeinsamen Spaziergängen über die Peißnitz, den dortigen Stadtpark, durch den sich in Schlängellinien die Saale zieht, kommen wir immer wieder auf das Thema zurück. Zu Hause kramen wir unsere Notizen von der Kaffeerunde wieder hervor und fangen an, im Internet zu recherchieren.

Der wichtigste und für uns unsicherste Schritt auf der langen Reise ist mit Abstand die Überquerung des Meeres nach Australien. Hier tun sich zwei Möglichkeiten auf, nämlich, direkt mit einem Schiff von Europa nach Australien zu fahren oder irgendwo in Asien auf ein Schiff zu steigen. Für die Überfahrt kommen einerseits private Segelboote infrage, bei denen man über Onlineportale als Hilfskraft anheuern kann. Wenn man ein wenig Glück hat, findet man also eine kostenlose und nahezu CO_2-neutrale Überfahrt, für die man an Bord arbeiten muss. Das klingt nicht schlecht, doch es gibt Nachteile. Einmal ist es nicht sicher, ob überhaupt ein Schiff in dem von uns benötigten Zeitraum ablegen und dann auch noch rechtzeitig zur Hochzeit in Australien ankommen wird. Hinzu kommen weitere Variablen, wie das Wetter. Vor allem aber sind die meisten Segelschiffe nicht deshalb unterwegs, um schnell von A nach B zu kommen. Vielmehr geht es darum, viele Zwischenstopps einzulegen und die Zeit zu genießen. Alles in allem lässt sich diese Art des Reisens nur schlecht planen.

Andererseits besteht die Möglichkeit, mit einem Frachtschiff zu reisen. Doch wie kommt man überhaupt an eine solche Passage heran? Wir finden heraus, dass die Ozeanriesen meistens ein paar wenige freie Kabinen haben, die man über bestimmte Reiseagenturen mieten kann. Allerdings sind die Kabinen mit zugehöriger Vollverpflegung sehr teuer – man muss mit über hundert Euro pro Tag rechnen. Der Vorteil ist: Diese Schiffe haben einen einigermaßen festen Zeitplan und sind sehr daran interessiert, ihre Route schnell zu absolvieren. Kurz überschlagen wir, wie viel Zeit uns überhaupt zur Verfügung steht. Alles in allem hätten wir zweieinhalb Monate zwischen dem Ende des Studiensemesters und der Hochzeit, um nach Australien zu kommen. Die Reise mit einem Frachtschiff ist die einzige machbare Option.

Aber da ist noch eine ganz andere Frage, die schnell in den Vordergrund rückt: Wie klimafreundlich ist das Reisen mit einem Frachtschiff überhaupt? Ein reines Passagierschiff käme aufgrund seiner Emissionen und seiner Auswirkungen auf die Ökosysteme für uns nicht in Betracht. Frachtschiffe hingegen sind unterwegs, um Güter zu befördern – Reisende machen hier kaum einen Unterschied. Und dennoch. Frachtschiffe gelten als wahre »Dreckschleudern«. Wir recherchieren weiter und stellen fest, es gibt einige Gründe, die dafür sprechen, dass das Reisen auf ihnen nur einen sehr geringen Klimaeffekt hat (→ Infobox 1). Man kann es sich ein bisschen so vorstellen wie eine teure Variante des Trampens: Man nutzt zwar eine umweltschädliche Industrie, um voranzukommen, unterstützt diese dabei aber nur geringfügig. Hundertprozentig zufrieden sind wir mit dieser Lösung nicht. Einen anderen Weg scheint es nicht zu geben, nicht ans andere Ende der Welt.

Mit diesen Gedanken im Kopf setzen wir also eine Mail an eine der Frachtschiffagenturen auf und erkundigen uns nach verschiedenen Möglichkeiten, nach Australien zu kommen. Ein paar Tage später erhalten wir bereits erste Informationen zu verschiedenen Reiserouten. Schnell wird klar, dass die beste Variante für uns eine Schifffahrt von Hongkong nach Brisbane wäre. Das hieße auch, dass wir für unseren Weg nach Hongkong nach einer klimafreundlicheren Reisealternative Ausschau halten können. Außerdem würden wir viel mehr von verschiedenen Ländern sehen und fremde Kulturen kennenlernen, als wenn wir direkt von Europa nach Australien per Frachtschiff reisen würden. Wir beide haben durch unsere Jobs vor und neben dem Studium ein bisschen Geld ansparen können, da uns unsere Eltern finanziell unterstützen und Giulia noch bei ihrer Mutter Monika wohnt, um den hohen Mieten in Zürich zu entgehen. Zwar sind wir alles andere als begeistert von den Preisen des Frachtschiffs, doch es würde gerade so ins Budget passen. In diesen Tagen nimmt unsere Idee Formen an. Doch bevor wir uns darum kümmern können, wie man am besten von Zürich nach China kommt, wartet eine weitere Welle von Prüfungen auf uns. Kurz darauf sagt Lorenz Tschüss und fährt mit dem Zug nach Leeds, um dort sein Austauschsemester zu absolvieren.

In den nächsten Wochen kommt uns zu Ohren, dass Miro, ein lieber Studienkommilitone, im Sommer ebenfalls eine Zugreise nach China plant. Nach einer gemeinsamen Vorlesung mit Giulia spricht sie ihn an, und es stellt sich heraus, dass Miro genau wie wir nach Semesterende losfahren möchte. Euphorisch entscheiden wir uns dafür, den ersten Teil unserer Reise zusammen anzutreten. So treffen sich

Miro und Giulia ab und zu zwischen den Vorlesungen, tauschen sich aus und besprechen die verschiedenen Möglichkeiten und Routen.

»Levin, mein Kollege, hat mir erzählt, dass es in den Zügen heißes Wasser gibt, für Suppen und Tee«, teilt Miro Giulia sein neuestes Wissen mit. Und Giulia gibt dann per Videokonferenz Lorenz alle Informationen schön weiter. In Bibliotheken leihen wir uns verschiedenste Reiseführer aus, blättern vor dem Zubettgehen darin und schmökern, wann immer es unsere Zeit erlaubt.

Allmählich spricht sich herum, was wir für den Sommer planen. Freunde, die Zentralasien und Russland mit der Bahn bereist haben, verraten uns Tipps und Tricks, und auch im Internet stoßen wir auf Tausende Reiseberichte und viele hilfreiche Informationen.

Langsam kristallisiert sich unsere Reiseroute heraus: per Zug ein paar Tage Moskau, dann nach Irkutsk beim Baikalsee, anschließend quer durch die Mongolei mit Stopp in Ulaanbaatar, von dort runter nach Beijing und schließlich über Shanghai nach Hongkong. Gerade als wir alles schön beieinanderhaben, bekommen wir eine Nachricht von der Schiffsagentur: Unser inzwischen gebuchtes Frachtschiff fährt wegen geänderter Marktlage nicht mehr. Ein Szenario, das wir hätten einkalkulieren müssen. Solche Fahrplanänderungen sind bei Frachtschiffen nämlich nicht ungewöhnlich, da Passagiere nicht der eigentliche Zweck der Fahrt sind.

»Echt jetzt!«, seufzt Lorenz. »Die Reiseplanung ist ja anstrengender als gedacht!«

Schnell erkundigen wir uns nach Alternativen. Glücklicherweise gibt es noch welche: Ein Schiff fährt von Singapur nach Perth und eines von Qingdao nach Brisbane. Die zweite Variante passt für uns um einiges besser, und so streichen wir Shanghai und Hongkong von unserer Reiseroute und suchen stattdessen nach Verbindungen von Beijing nach Qingdao. Sobald die Route feststeht, kommt der wichtigste Schritt. Wir rechnen aus, wie viel CO_2 wir durch unsere Nutzung von alternativen Verkehrsmitteln im Vergleich zum Fliegen einsparen (→ Infobox 2). So viel sei an dieser Stelle verraten: Die Menge ist beachtlich – ungefähr zwischen drei und fünf Tonnen CO_2 pro Person. Das ist in etwa so viel wie der Weltdurchschnittsausstoß pro Person und Jahr.

Wir sind uns einig: Das sind zwar immer noch einige Emissionen, aber niedriger können wir bei den gegebenen Bedingungen kaum mehr kommen. Also heißt es buchen. Nachdem das Schiff feststeht, setzen wir uns an die Reservierung der Züge. Das ist anhand von einigen hilfreichen Reiseblogs gar keine große Hexerei mehr, wie wir zu Beginn noch dachten. Ganz im Gegenteil zur Beschaffung der Visa! Giulia mit ihrem italienischen und Schweizer Pass muss ganze fünf Stück beantragen, Lorenz kommt mit vier weg. Da ist einmal das australische Visum zu organisieren, das weißrussische, das russische und chinesische und für Giulia noch das mongolische. Beim Durchstöbern der Bedingungen für die verschiedenen Visa wird uns bewusst, wie sehr wir mit unseren Staatsbürgerschaften privilegiert sind. Für viele Menschen aus anderen Ländern würde eine solche Reise schon bei den Visa scheitern. Dazu kommen weitere Privilegien aufgrund unserer finanziellen Stellung und des Status als Studierende, der uns überhaupt erst erlaubt, eine solche Reise derart flexibel planen zu können. Zu guter Letzt sind wir beide körperlich gesund und in der Lage, ohne Probleme eine Schiffsleiter hochzuklettern. Ganz schön viele Privilegien also, die vielen Menschen nicht zukommen.

Doch auch für uns gibt es einige Fallstricke, die wir beachten müssen.

»Also, für das russische Visum benötigen wir eine offizielle Einladung, eine Reiseversicherung, die einen Betrag bis zu dreißigtausend Euro übernimmt und zudem garantiert, dass, falls wir in Russland sterben, die Kosten des Transports des Leichnams in das Herkunftsland gezahlt werden ...« Fehlt nur noch das Foto, auf dem man nicht lachen darf, was angesichts der obskuren Vorschriften gar nicht so einfach ist.

Auch Lorenz hat es nicht ganz so leicht wie erhofft: Obwohl er Glück mit dem mongolischen Visum hat, muss er zu seinen Visaanträgen immer noch eine zusätzliche Bescheinigung hinzufügen, die bestätigt, dass er in Leeds studiert und deswegen auf der Behörde in Großbritannien die Visa beantragen darf.

»Morgen muss ich nach ... weil dort die nächst... ist«, erzählt Lorenz eines Abends über Videokonferenz. Das Bild friert sein, und seine Worte kommen wieder mal nur halb durch.

»Was meinst du?«, fragt Giulia leicht genervt.

»Ich – muss – nach – Edinburgh. – Dort – ist – die – nächstgelegene – chinesische – Botschaft.«

»Krass, gibt es keine in der Nähe?«

»Offensichtlich nicht. Zumindest nicht mit freien Terminen.«

»Und da beklag ich mich mit Bern!«

Die Zeit rast nur so. Inzwischen ist schon Juni, der letzte Tag vor der Abfahrt nach Halle für Giulia ist angebrochen, und der Pass mit dem letzten, weißrussischen Visum ist noch immer nicht angekommen! Am Telefon hat der Mitarbeiter der Botschaft zwar versichert, dass er den Briefumschlag verschickt habe, aber wie lange kann das denn dauern? Schließlich hatte Giulia bei der Beantragung einen eingeschriebenen Umschlag mit der schnelleren und teureren Briefmarke eingereicht.

Es ist zwölf Uhr, der Postbote sollte bald da sein. Aus dem Fenster gelehnt, hält Giulia nach ihm Ausschau. Endlich sieht sie ihn an der Hausecke mit seinem dreirädrigen gelben Gefährt auftauchen. Schnell rennt sie die Treppen hinunter und wartet auf Zehenspitzen neben dem Briefkasten. »Grüezi. Oh, erwarten wir was Wichtiges?«, sagt der Postbote.

»Ja, und wie! Mein Pass mit meinem Visum sollte heute kommen. Ich fahre morgen los!«

»Mal gucken, mal gucken«, meint der Postbote gelassen und kramt geduldig in einem Haufen Sendungen. »Ah, hier. Das sieht doch recht vielversprechend aus!«, meint er und überreicht ihr einen etwas dickeren Umschlag. Als Giulia ihre Handschrift darauf erkennt, fällt ihr ein Stein vom Herzen.

Lorenz ergeht es ähnlich. Kaum ist er aus Leeds zurückgekehrt, hetzt er nach Berlin, um dort das letzte Visum zu beantragen. Diesmal bezahlt er die zusätzliche Expressgebühr.

All diese administrativen Tätigkeiten halten uns so beschäftigt, dass wir nur wenig Raum zum Reflektieren haben und wir dadurch gar nicht wirklich realisieren, vor welch großer Reise wir eigentlich stehen.

Infobox 1: Wie umweltfreundlich sind eigentlich Frachtschiffe?

Die globale Frachtschifffahrt macht zurzeit circa 2 Prozent der globalen CO_2-Emissionen aus.[131] Sie ist also vergleichbar mit dem Einfluss der Flugindustrie, wobei bei Letzterem die Nicht-CO_2-Klimawirkung höher ist. Über das CO_2 hinaus emittieren Frachtschiffe allerdings um ein Vielfaches mehr an anderen Schadstoffen wie Schwefeldioxid, Ruß und Feinstaub, da sie Treibstoffe von deutlich schlechterer Qualität verbrennen.[132] Man kann also durchaus sagen, dass diese Schiffe wahre Dreckschleudern sind. Zudem greifen Frachtschiffe durch das Verschleppen von Arten, die dann die einheimische Tier- und Pflanzenwelt verdrängen können, ins Ökosystem ein.[133] Frachtschiffe verursachen auch viel Lärm. Dieser Lärm kann Tiere wie Wale und Delfine, die sich anhand von Tönen unter Wasser orientieren und kommunizieren, stark beeinträchtigen und sogar gefährden.[134]

Eine andere Perspektive ist, dass Frachtschiffe, auf eine Gewichtseinheit gerechnet, deutlich effizienter sind als Flugzeuge, da sie trotz der höheren Emissionen ein Vielfaches an Last transportieren können. Demnach hat dasselbe Paket, mit einem Flugzeug transportiert, eine deutlich höhere Klimawirkung, als wenn es mit einem Frachtschiff transportiert würde.

Natürlich sind es aber die totalen Emissionen und daher die Größe der globalen Frachtschifffahrt, die letztendlich für das Klima zählen. Und bei Letzterer ist wie auch bei der Luftfahrt ein starker Wachstumskurs in einem »Weiter-wie-bisher«-Szenario vorhergesagt.

Was aber ist nun die Rolle der Frachtschifffahrt im Klimaschutz?

Für einen maximalen globalen Temperaturanstieg von 1,5 Grad Celsius bis 2050 muss auch sie auf netto null Emissionen gebracht werden. Da hier Kompensationen und negative Emissionen ebenfalls weiterhin problematisch bleiben, bestehen die vielversprechendsten Wege dorthin einerseits in technologischen Veränderungen und andererseits in Nachfragesenkungen.[135] Dazu sei angemerkt, dass es bei der Frachtschifffahrt deutlich mehr technologische Möglichkeiten gibt, Emissionen zu senken, als bei der Luftfahrt.[136] So können beispielsweise allein durch eine Reduktion der Fahrtgeschwindigkeit »Slow steaming« bis zu 50 Prozent der Emissionen pro Fahrt eingespart werden. Weitere Möglichkeiten bestehen in zusätzlichen Antrieben durch Windkraft (Segel oder spezifische Motoren), Effizienzmaßnahmen und/oder Biokraftstoffen. Letztere haben wie beschrieben im großen Maßstab eigene Nachhaltigkeitsprobleme, wie zusätzliche Entwaldung und Ökosystemschäden. Generell gibt es kein CO_2-neutrales Frachtschiff, das technisch ausgereift, ökonomisch machbar und in hohen Größenordnungen im derzeitigen System adaptierbar wäre.[137] Zudem ist der Frachtsektor deutlich komplexer und heterogener aufgebaut als der Flugsektor, was wiederum koordinierte Klimaschutzmaßnahmen erschwert. Der nötige Klimaschutz im Frachtschiffsektor ist also eine Herkulesaufgabe, und es ist fraglich, ob solch drastische Veränderungen in so kurzer Zeit durchführbar sind. Letzten Endes wird also wahrscheinlich auch hier eine absolute Reduktion der Schifffahrt eine wichtige Rolle spielen.

Frachtschiff oder Flugzeug?

Wenn man die obigen Fakten betrachtet, kann man zu dem Schluss kommen, dass es eine ökologische Katastrophe sein muss, auf Frachtschiffen zu reisen. Es gibt aber ein paar Gründe, die zumindest dafürsprechen, dass es um ein Vielfaches besser ist, auf Frachtschiffen als mit dem Flugzeug unterwegs zu sein. Im Gegensatz zum Flugzeug, das nur für die Passagiere fliegt, ist die Aufgabe eines Frachtschiffs, Waren zu transportieren. So wird es kaum einen Einfluss auf die Frachtschiffindustrie haben, ob auf einem Abschnitt Passagiere mitfahren oder nicht. Ganz anders, als wenn wir mehr lokale Produkte konsumieren würden und dadurch Schiffslinien eingestellt werden würden. Analog dazu werden Fluglinien und Flughäfen ausgebaut, wenn immer mehr Menschen fliegen. Durch die lange Fahrtzeit, den höheren Organisationsaufwand und die hohen Kosten einer Frachtschiffsreise wird zudem eine Art negative Rückkoppelung kreiert: Man reist generell weniger, genießt die Reisen dafür aber umso mehr. Zudem sind Schiffe effizienter in ihren Treibhausgasemissionen (für das gleiche Gewicht stößt ein Frachtschiff weniger Emissionen aus als ein Flugzeug) – und ein zusätzlicher Passagier fällt kaum ins Gewicht. Zu guter Letzt existieren mehr potenzielle technologische Klimaschutzmaßnahmen als bei Flugzeugen. Diese beiden letzten Punkte können natürlich als Argument dienen, anstelle der Flugindustrie eher die Schifffahrtsindustrie zu unterstützen.

Das Reisen auf Frachtschiffen ist letztendlich aber keine langfristige Lösung, denn auch hier sind drastische Veränderungen einschließlich einer Reduzierung der Schifffahrt nötig. Und das Geld, das man in eine Frachtschiffsreise steckt, sei es auch für diesen Industriezweig ein eher geringer Betrag, wird nichtsdestotrotz in ein umweltzerstörendes Geschäft gesteckt. Auf ein Frachtschiff zu steigen ist also nicht vollständig unproblematisch, aber momentan doch um einiges besser (→ Infobox 2), als ein Flugzeug zu nehmen.

Wir empfehlen also, so gut es geht, das Frachtschiff zu umgehen und die Welt stattdessen zu Fuß, mit dem Fahrrad, mit dem Zug oder dem Segelboot zu entdecken. Und zu entdecken gibt es genug.

Infobox 2: Der CO_2-Fußabdruck unserer Reise

Für die Berechnung des CO_2-Fußabdrucks benötigt man die Daten der jeweiligen Verkehrsmittel zum CO_2-Ausstoß pro Personenkilometer. Die Personenkilometer berechnen sich aus dem Produkt der durchschnittlich transportierten Personen und der dabei zurückgelegten Strecke und sind somit ein Maß für die Transportleistung der Verkehrsmittel. Wie klimafreundlich sind also verschiedene Transportmittel im Vergleich? Das hängt von vielen Faktoren ab, so etwa der Auslastung oder der Art der Stromerzeugung. In der unten stehenden Grafik werden die Treibhausgasemissionen verschiedener Transportmittel verglichen (mit ihrer durchschnittlichen Belastung und einem deutschen Energiemix). Deutlich wird, dass das Flugzeug am schlechtesten abschneidet. Klar ist beim Betrachten der Grafik, dass wir uns am besten zu Fuß

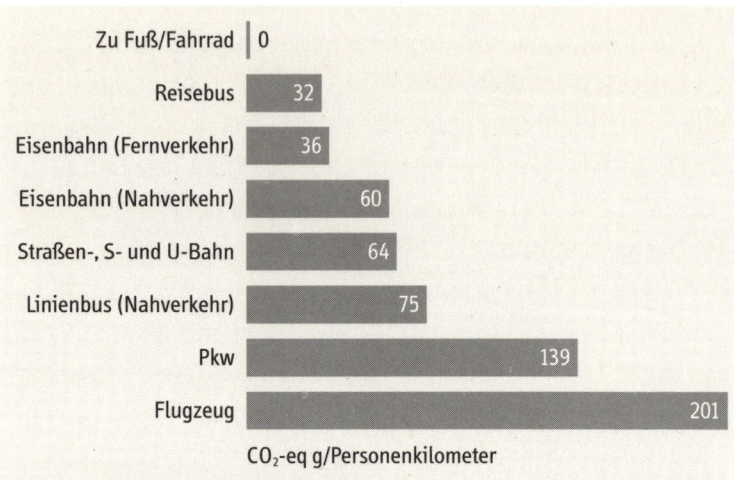

Zu Fuß/Fahrrad	0
Reisebus	32
Eisenbahn (Fernverkehr)	36
Eisenbahn (Nahverkehr)	60
Straßen-, S- und U-Bahn	64
Linienbus (Nahverkehr)	75
Pkw	139
Flugzeug	201

CO_2-eq g/Personenkilometer

Zahlen aus 2017. Folgende Auslastungen werden angenommen: Flugzeug: 82%; Pkw: 1,5 Personen; Linienbus (Nahverkehr): 21%; Straßen-, S- und U-Bahn: 19%; Eisenbahn (Nahverkehr): 27%; Eisenbahn (Fernverkehr): 56%; Reisebus: 60% Quelle: UBA (2018), Smith (2019)

oder mit dem Fahrrad bewegen sollten. Das spart nicht nur viele Treibhausgasemissionen, sondern wirkt sich zudem noch positiv auf die Gesundheit aus. Wieso also nicht in den Ferien eine Fahrradtour oder eine Wanderreise organisieren?

Auf unserer Reise verändern sich diese Daten natürlich aufgrund der verschiedenen Länder, die wir durchreisen, und der dortigen Begebenheiten (unterschiedlicher Strommix, Dieselzüge, Auslastungen etc.). Zusammen mit den Streckenlängen sowie Daten für den Ausstoß des Schiffes können wir nun die CO_2-Emissionen unserer Reise berechnen. Dabei sei angemerkt, dass wir hier einige vereinfachende Annahmen treffen. Erstens bezieht sich der Vergleich nur auf den Transport, einmal via Zug und Schiff und einmal via Flugzeug. Nahrung, Wohnung etc. während der längeren Zug- und Schiffsreise werden nicht einbezogen. Dies aus dem Grund, dass wir solche Aktivitäten auch getätigt hätten, wenn wir geflogen wären. Sicherlich hätte es Unterschiede in der Zusammensetzung dieses Konsums gegeben, allerdings sind diese schwer zu bestimmen, und zudem nehmen wir an, dass sie klein sind. Zweitens müsste man, um ein vollständiges Bild zu erhalten, auch die Emissionen der Infrastruktur, also Schienen sowie Flughäfen etc., einbeziehen. Erste Studien zeigen, dass diese Emissionen durchaus signifikant sein können. Allerdings müsste man diese auf die gesamte Lebensdauer und Leistung beziehen, weswegen die zweite vereinfachende Annahme davon ausgeht, dass sie dadurch wieder klein sein werden, weswegen wir sie hier nicht berücksichtigen. Drittens schätzen wir die Flugemissionen mit den durchschnittlichen Einstellungen von zwei Plattformen, »atmosfair« und »myclimate«. Der genaue Flugzeugtypus bleibt unbestimmt, da wir nicht sagen können, mit welchem Flugzeug wir geflogen wären. Die genaue Berechnung mit allen Quellenangaben kann hier[138] nachverfolgt werden.

Als Resultat bekommen wir für die Strecke von Zürich nach Sydney via Berlin, Moskau, Irkutsk, Ulaanbataar, Beijing, Qingdao und Schiff nach Brisbane einen CO_2-Fußabdruck von circa 372 Kilogramm pro Person. Der größte Teil davon ergibt sich aus der Fahrt von Moskau nach Irkutsk (190 Kilogramm), gefolgt von der Fahrt von Brisbane nach Sydney (95 Kilogramm). Die Frachtschiffsreise macht nur 42 Kilogramm aus, was wenig verwunderlich ist, wie in der Infobox 1 beschrieben.

Im Vergleich dazu würde ein Flug zwischen 3100 (myclimate) und 5200 Kilogramm (atmosfair) CO_2 pro Person ausstoßen. Der Unterschied kommt, wie in Kapitel 2 beschrieben, durch unterschiedliche Annahmen bezüglich der Nicht-CO_2-Klimawirkung zustande. Auch wenn diese Berechnungen nur erste Annäherungen sind, wird deutlich, dass der Unterschied von einer Größenordnung 1:10 wahrscheinlich robust und damit die Einsparung massiv ist.

4 Men are rich and women are beautiful

Endlich geht es los! Mit einem schönen Kribbeln im Bauch fahren wir zum Ostbahnhof in Berlin mit Zwischenstopp in Potsdam. Lotte, Lorenz' Schwester, die dort studiert, sitzt noch mit im Zug. Gemeinsam bestaunen wir die bekritzelten Zettel, die uns Gernot, Lotte und Lorenz' Vater, am Bahnhof in Halle zugesteckt hat.

»Das habe ich letzte Nacht noch schnell für euch niedergeschrieben. Schon erstaunlich, was mir von meiner Schulzeit alles im Kopf geblieben ist.« Gernot hat uns nicht nur das russische Alphabet notiert, sondern auch Zahlen, ganz bestimmte Wörter wie »Bahnhof« sowie eine ganze Reihe von Sätzen, von denen er dachte, dass wir sie brauchen könnten. Ein lieber Brief von Bettine, Lottes und Lorenz' Mutter, steckt auch noch dazwischen.

In Potsdam sind wir bei den Großeltern, Gisela und Hans-Jörg, zum Mittagessen eingeladen. Es gibt leckere Falafel im Pitabrot von der Imbissbude um die Ecke, so hatten wir es uns gewünscht. Zum Nachtisch verspeisen wir die liebevoll zubereitete Erdbeertorte und genießen die letzten gemeinsamen Stunden. Fürsorglich steckt uns Gisela gleich mehrere Packungen Trockenfrüchte, Müsliriegel, Nüsse und Kekse zu.

»Braucht ihr sonst noch was? Kleber, Klopapier, Seile, Faden und Nadel?« Bevor wir antworten können, packt uns

Gisela eine geblümte Klopapierrolle und Klebeband ein. Mit ein paar Kilos mehr auf dem Rücken fahren wir nach einer emotionalen Verabschiedung weiter zum Ostbahnhof. Es ist ein seltsames Gefühl, diese geliebten Menschen am Bahnhof winkend aus dem Blick zu verlieren und für so eine lange Zeit hinter sich zu lassen, ohne zu wissen, wie und wann genau wir zurückkommen werden.

Im Zug treffen wir Tobi, einen alten Bekannten. »Wo geht's denn hin mit all dem Gepäck?«

Wir schauen uns an und wissen nicht, was wir sagen sollen: nach Berlin, Russland oder nach Australien? Giulia entscheidet sich kurzerhand für Russland und sagt: »Wir fahren nach Moskau! Warst du schon mal dort?« Australien klingt für uns im Moment irgendwie zu verrückt. Wir können uns überhaupt nur schlecht auf das Gespräch konzentrieren. Stattdessen sind unsere Gedanken noch bei der geblümten Klopapierrolle in unserem Rucksack, dem massenhaften Essen und bei der Verabschiedung von Lorenz' Großeltern. Und wir haben tausend Fragen im Kopf: Haben wir Kleidung für das ganze nächste Jahr eingepackt? Und für all die verschiedenen Klimazonen, durch die wir reisen werden? Stimmt auch alles mit unseren Visa, wird die Schiffsverbindung klappen? Und liegt der Pass trotz mehrmaliger Kontrolle nicht doch noch zu Hause auf dem Esstisch?

In Berlin treffen wir Miro. Er ist mit dem Nachtzug aus Zürich gekommen. »Na, schon aufgeregt?«, fragt er uns.

»Und wie! Es ist schon ein komisches Gefühl … so einfach alles hinter sich zu lassen. Ich verstehe noch immer nicht so ganz, worauf wir uns da eingelassen haben«, sagt Giulia mit einem Lächeln.

Nach einem kurzen gemeinsamen Spaziergang durch Berlin begeben wir uns zu unserem Gleis. Ein hochmoderner Zug fährt ein, an der Anzeigentafel des Zuges steht Москва – Russisch für Moskau – angeschrieben. Die Türen gleiten auf. Lorenz nimmt seinen schweren Rucksack und steigt fest entschlossen ein. Damit hat er sich jedoch keine Freunde gemacht, wie der entsetzte Blick des Schaffners zeigt, der ihm hinterherstürzt und ihn laut polternd wieder herauspfeift. Aha, die Fahrkarten mitsamt den Visa werden also am Eingang und nicht wie gewohnt im Abteil kontrolliert. Wir halten uns erst mal zurück und beobachten, bevor wir handeln – wieder was gelernt! Endlich im Waggon angekommen, bestätigt sich unser erster Eindruck: Der Zug ist wirklich hochmodern, zudem sehr eng und ziemlich ungemütlich. Es gibt kaum Platz für unser Gepäck, das vom Zugpersonal in ein anderes Kämmerchen geräumt werden muss. Unsere Plätze befinden sich alle in unterschiedlichen Liegewagenabteilen, da wir recht spät gebucht haben.

In Giulias Abteil hat sich eine russische Familie ausgebreitet: Mutter, Vater und zwei kleine Jungs. Theoretisch gibt es nur vier Plätze pro Abteil, doch die Jungs sind noch klein und können sich einen Sitz teilen. Eng ist es so oder so. Die Jungs mögen augenscheinlich süße Cremes und Videospiele. Der Papa ist ununterbrochen am Telefon, und die Mama sorgt sich derweil um das Wohl der beiden Söhne. Ein Keks hier, ein Apfelstückchen dort, Mund abwischen, mit Feuchttüchern die klebrigen Finger abputzen, und dann geht das Ganze wieder von vorne los. Anfangs dachten wir, dass wir viel zu viel Essen dabeihätten, doch da hatten wir den Reiseproviant dieser Familie noch nicht gesehen. Einen ganzen

Rollkoffer nur mit Lebensmitteln! Kein Wunder, denn wie sie Giulia erzählen, werden sie drei ganze Tage unterwegs sein. Sie fahren in den Urlaub in ihr Heimatdorf.

Auch wenn wir uns noch in Deutschland befinden, ab nun wird Russisch gesprochen. Uns wird bewusst, dass wir uns schnellstmöglich mit der russischen Sprache auseinandersetzen müssen. Dazu sind wir neben den Prüfungen, Jobs und dem ganzen administrativen Zeugs für die Reise einfach nicht gekommen. Miro hat sich ganz vorbildlich Kärtchen geschrieben. Auf der einen Seite stehen die kyrillischen, auf der anderen Seite unsere lateinischen Schriftzeichen. Wir wechseln uns mit den Kärtchen ab, sodass alle mal üben können. So überqueren wir auch schon bald die deutsch-polnische Grenze. Von Polen kriegen wir nur am Abend ein bisschen mit. In unsere sauberen Leintücher gehüllt, durchqueren wir das Land in der Nacht.

Es poltert durch den Zug, und die grellen Lichter gehen an. Lorenz, der allgemein etwas mürrisch wird, wenn man ihn weckt, sieht auf die Uhr. Vier Uhr nachts! Diese Uhrzeit stimmt ihn natürlich noch mürrischer. Was ist denn jetzt los? Menschen in Uniformen huschen durch den Zug. Offenbar sind wir an der polnisch-weißrussischen Grenze angelangt. Giulia ist mit ihrem Abteil am nächsten bei der Eingangstür und somit als Erste an der Reihe. Sie versucht, alles den beiden Erwachsenen in ihrem Abteil nachzumachen. Die Kinder schlafen währenddessen friedlich weiter – trotz Licht und Lärm. Wie schaffen die Jungs das nur? Wir waren ja schon neidisch auf die ganzen Kekse und süßen Cremes, aber das übersteigt alles. Die Mutter zeigt ihren Pass und dann die Pässe der Kinder. Sie deutet auf ihre schlafenden

Jungs. Der Grenzwächter sagt was in einem harschen Ton. Er möchte, dass die Kinder aufstehen. Die Mutter weckt sie und setzt sie hin. Im Halbschlaf, von der Mutter gestützt und mit halb geöffneten Augen, schauen sie kurz den Grenzwächter an. Dieser nickt, die Jungs plumpsen wieder auf ihre Liege und schlafen friedlich weiter, als wäre nichts gewesen. Der Grenzwächter dreht sich zu Giulia und fordert etwas auf Russisch. Er sagt es nochmals, lauter. Gott sei Dank übersetzen die anderen Mitreisenden auf Deutsch: »Er möchte, dass du aufstehst.« Giulia gehorcht und hält ihm ihren Pass hin. Der Grenzwächter schaut mehrmals auf das Passfoto und dann zu Giulia. Runter, hoch, runter, hoch, runter, hoch. Schließlich gibt er ihr zu verstehen, dass sie sich setzen darf. Bei Lorenz und Miro läuft es ähnlich. Dann müssen wir irgendwelche Zettelchen ausfüllen, und unser Gepäck wird inspiziert. Erschöpft von diesem ersten Grenzübergang, legen wir uns alle nochmals auf unsere schmalen Liegen.

In der Nacht hat sich das Abteil von Miro geleert, und Giulia und Lorenz ziehen um. Gemeinsam frühstücken wir und tauschen uns über den Grenzübergang in der Nacht aus.

»Boah, das war ja echt schlimm!«, seufzt Lorenz. Er hatte weniger Glück mit seinen Mitreisenden, sodass er nicht verstand, was der Grenzwächter von ihm wollte – was in noch lauteren, harscheren Aufforderungen resultierte. »Vielleicht waren sie ja so schlecht drauf, weil sie unseretwegen in der Nacht arbeiten müssen. Sie lägen wahrscheinlich auch lieber unter einer warmen Bettdecke«, nimmt Giulia sie in Schutz. »Ich frage mich sowieso, wie diese Grenzen und Nationen überhaupt entstehen. Ich meine, woher kommt das, dass genau dort eine Grenze zwischen zwei Ländern liegt und man solch ein Trara darum macht, wer aufgrund seiner Nationalität einreisen darf und wer nicht. Das ist doch ungerecht!«

Wir philosophieren ein bisschen über die Welt und ihre staatlich gezogenen Grenzen. Oder auch darüber, dass sich Giulia als Weltbürgerin und Miro und Lorenz als Weltbürger verstehen und wir unser Bestes versuchen, danach zu handeln. Dabei huschen die Wälder und Wiesen Weißrusslands an uns vorbei.

Schon bald hält der Zug wieder an. Wir sind in Minsk, der Hauptstadt von Weißrussland. Ein Mann im mittleren Alter steigt zu und setzt sich in das von uns erkorene Abteil. »Sdrastwujte!« Wir grüßen zurück und kommen schnell ins Gespräch. Das ist sehr leicht, da der Mann sehr gutes Englisch spricht. Sein Name ist Burak, und er lebt schon seit einigen Jahren in Moskau, kommt aber ursprünglich aus der Türkei. Sein Handy klingelt, und auf Lorenz' Gesicht zeichnet sich ein Grinsen ab.

»Wieso lachst du?«, fragen Miro und Giulia neugierig.

»Sein Klingelton ist das Eingangslied von *Game of Thrones*.« Wir nicken, schon wieder was gelernt.

Als Burak auflegt, fragt ihn Lorenz, ob er *Game of Thrones* schaue.

»Natürlich«, lautet Buraks Antwort. Lorenz und er sind sich einig, dass *Game of Thrones* zu ihren Lieblingsserien gehört. Sie sind beide hibbelig wegen der letzten Staffel, die in weniger als einem Jahr ausgestrahlt wird. Ob wohl endlich die Geschichte des Nachtkönigs aufgedeckt und wie wohl Cercei ihr Ende finden wird? Miro und Giulia kommen inhaltlich nicht mehr mit. Obwohl man die Serie laut Lorenz aus verschiedenen Perspektiven kritisch betrachten kann, ist die Tiefe der Charakterstränge enorm, darüber sind sich Burak und er einig. Lorenz vertritt zudem die Hypothese, dass die Serie ein Abgesang auf unsere krisenhafte Zivilisation ist. Die bekannte Melodie ertönt erneut und unterbricht das Gespräch. Burak ist ein gefragter Geschäftsmann. Obwohl Sonntag ist, wird er ständig aus geschäftlichen Gründen angerufen. Zwischen seinen Telefonaten erzählt er uns verrückte Geschichten aus Moskau. So etwa, dass letztens ein Bär in einem Cabriolet saß, um für irgendwas Werbung zu machen. Wir glauben ihm nicht. Er zeigt uns den Beweis: ein Video, das er mit seinem neusten Smartphone aufgenommen hat. Wir sind geschockt: Was der arme Bär wohl durchgemacht haben muss! Da er schon mal dabei ist, zeigt Burak uns auch gleich noch Fotos von seinem kleinen Sohn, seiner Frau, die Russin ist, und der Wohnung, in der sie gemeinsam leben. Die Wohnung sieht sehr luxuriös aus und hat einen grandiosen Ausblick über Moskau. Wir fragen, was seine Frau arbeitet.

Burak lacht und sagt: »*You know. In Russia: Men are rich and women are beautiful!*« Wir wiegen skeptisch den Kopf. So einfach ist es also? Die Männer sind reich und die Frauen schön … Wir müssen zugeben, Burak ist mit einer auch unserer Meinung nach wunderschönen Frau zusammen. Doch wir sind uns sicher, dass sie vor allem noch vieles mehr ist. Unwillkürlich denken wir an all die armen Kerle, die es nicht geschafft haben beziehungsweise überhaupt schaffen konnten, reich zu werden (seit wann macht Reichtum eigentlich glücklich?), sowie an all die Frauen, die nicht in das geläufige Schönheitsschema passen. Ganz zu schweigen von Menschen in Russland, die sich einem anderen Geschlecht zuordnen oder nicht heterosexuell sind und massiv diskriminiert werden.

Im weiteren Verlauf unseres Gesprächs wählen wir ein einfacheres Thema: das Reisen – wobei »einfach« relativ ist, siehe dieses Buch. Burak gesteht, dass er sehr gerne mit dem Zug reist, da komme er zur Ruhe, und es sei doch so entspannend. Wir stimmen ihm zu. Bei der nächsten Station läuft Burak telefonierend und rauchend den Bahnsteig auf und ab. Dann kommt er in das Abteil gestürzt. Er hat anscheinend irgendetwas in Minsk vergessen und muss nun schnell mit dem nächsten Zug zurück. Am Abend wird er dann nach Moskau fliegen und zur gleichen Zeit wie unser Zug ankommen. Wird wohl doch nichts mit der entspannten Zugfahrt.

Mit wachsender Neugier fahren wir Richtung Moskau, wo wir bei lauer Abendstimmung ankommen.

»Das ging jetzt aber schnell!«, meint Lorenz.

Kaum ausgestiegen, versuchen wir die Schriftzeichen zu entziffern und können ein paar Dinge nicht nur lesen, sondern sogar verstehen – so etwa кофе (Kaffee), фото (Foto) oder ресторан (Restaurant). Zugegeben, es sind einfache Worte, die im Deutschen sehr ähnlich ausgesprochen werden. Wir freuen uns trotzdem!

Um zu bemerken, dass gerade die Fußballweltmeisterschaft in Russland stattfindet, müssen wir das kyrillische Alphabet nicht kennen. Sie ist omnipräsent. Überall sind Fußbälle, irgendwelche Kleber, Flaggen oder Zabivakas in allen Formen und Größen zu sehen. Zabivaka ist das Maskottchen dieser WM, ein fußballspielender Wolf mit Skibrille. Sein Trikot ist natürlich in den Landesfarben Russlands gehalten.

Lustigerweise werden die Spiele sogar in der Metro live übertragen und dort auch noch geschaut.

Nachdem wir an unserer Metrostation ausgestiegen sind, haben wir große Mühe, unsere Jugendherberge zu finden. Eigentlich sollten wir ganz nah sein, doch weder die korrekte Hausnummer noch irgendein Schild oder ein Aufkleber, der auf eine Jugendherberge hinweist, ist weit und breit zu sehen. Wir fragen mehrere Leute auf der Straße, doch niemand weiß etwas von einer Jugendherberge in dieser Gegend. Müde wollen wir uns schon geschlagen geben und setzen uns erst mal auf die Schaukel auf dem Kinderspielplatz zwischen zwei großen Häuserblocks. Da spricht uns ein junger Mann auf Englisch an.

»Sagt mal, sucht ihr die Jugendherberge?«

»Ja!«, antworten wir alle drei wie aus einem Munde.

Er zeigt uns den Hauseingang, der gleich um die Ecke liegt. Es gibt tatsächlich keinerlei Hinweise, dass es sich dabei um eine Jugendherberge handelt. Es ist einfach ein … Hauseingang. Das hätten wir ohne Hilfe des jungen Mannes, der ebenfalls ein Gast der Jugendherberge ist, nie gefunden. Drinnen werden wir begrüßt, und ein kräftiger Mann stellt sich uns vor.

»Hallo! Ich bin hier für eure Sicherheit zuständig.«

Oje, das wird ja immer komischer hier, denken wir.

In unserem Schlafraum werden wir von unseren Zimmergenossen gefragt, welches Fußballspiel wir anschauen gehen. Wir erzählen ihnen, dass wir sozusagen nur auf der Durchreise und nicht wegen der Fußballweltmeisterschaft in Moskau sind. Sie wollen uns kaum glauben. Als Nächstes wollen sie uns Karten für irgendein Fußballspiel andrehen und verlangen viel Geld dafür. Wir lachen und lehnen dankend ab.

In der Nähe der Jugendherberge entdecken wir eine kleine Bäckerei. Da wollen wir eher unser Geld ausgeben. Die zuckrigen, fruchtigen und süßen Gebäckstücke bringen uns schnell zu einem Entschluss: »Hier holen wir ab jetzt jeden Morgen unser Frühstück!« Gesagt, getan.

In fünf Tagen entdecken wir Moskau gemeinsam mit Tausenden Fußballfans. Auf dem Roten Platz, dort, wo einst Menschen auf Befehl des Zars exekutiert wurden oder Militärparaden der Sowjetunion dem Westen ihre Stärke beweisen sollten, tummeln sich nun die johlenden und feiernden Fans, herbeigeflogen aus aller Welt. In Trikot und mit großen Landesflaggen, versteht sich. Ständig in Feierlaune und irgendwelche Fußballlieder singend, gehen uns diese Massen nach kurzer Zeit ein bisschen auf den Keks. Überall sind Menschen, und die Preise der Lebensmittel und auch der Jugendherbergen sind erhöht. Leider stehen auch sehr viele Menschen vor dem Kreml an, sodass wir diesen nur von außen bestaunen. Dafür gehen wir in das nahe gelegene Mausoleum von Lenin. Nur wenige Menschen dürfen gleichzeitig hinunter in die dunkle Kammer, wo Lenin eingewachst zu sehen ist. Als wir an der Reihe sind, können wir es kaum glauben, dass wir vor einer echten Person stehen! Wir haben aber nicht viel Zeit, den Anblick zu verarbeiten, hinter uns drängen die Menschenmassen. Stalin lag vor einiger Zeit auch dort unten, doch nach großen Protesten und im Zuge der De-Stalinisierung wurde sein Körper 1961 transferiert.

Draußen befinden sich Gräber von wichtigen Persönlichkeiten, auf denen rote Blumen liegen. Wir sehen, wie ein

Stück weiter vorne viele Leute ein Selfie vor einem Grabstein aufnehmen. Wer da wohl begraben liegt? Als wir dort ankommen, sehen wir ein bekanntes Gesicht auf dem Grabstein gemeißelt. Darunter steht der Name: »Сталин« – Stalin. Besonders weit ist er ja nicht gekommen.

Hinter uns knipsen die Leute eifrig weiter Selfies an Stalins Grab. Ganz schön makaber, wenn man an all die Menschen denkt, die unter seiner Diktatur litten und ermordet wurden. Wir suchen das Weite und mischen uns unter die lebendigen Fußballfans und die leicht genervten Einheimischen. Ruhe finden wir in der russischen Staatsbibliothek, auch bekannt als »Lenin-Bibliothek«, einem imposanten, riesigen Komplex, in dem wir uns direkt verlaufen. Irgendwann finden wir zwischen all den Büchern und Arbeitsplätzen im Keller das Bibliothekscafé. Dort setzen wir uns hin und vergessen bei Kaffee und spannenden Diskussionen über das Erlebte die Zeit.

Moskau gefällt uns dreien gut: immer was los und voller Überraschungen. Allen voran die Metrostationen: Wer hätte gedacht, wie viel Liebe, Zeit und Ressourcen in solch ein Gebäude gesteckt werden können. Viel eher hatten wir das Gefühl, in einer alten Kirche zu stehen – aber nein, ist nur eine U-Bahn-Station.

Hier leben möchten wir dennoch nicht. Für unseren Geschmack gibt es hier viel zu viele Autos, die Stadt ist unheimlich groß, ganz zu schweigen von dem herrschenden politischen System.

Giulia muss sich zwischendurch einen Tag lang in die Jugendherberge zurückziehen und an einer Arbeit für die Uni schreiben, denn da gibt es noch einen Abgabetermin, der eingehalten werden muss. Der einzige Ort mit Internet ist ein komischer Sitzsack, neben dem den ganzen Tag über der Fernseher läuft. Beim Schreiben schaut sie immer wieder auf die russische Seifenoper, die gerade läuft, und es wird klar: Das wird definitiv nicht ihre beste Uniarbeit.

Lorenz und Miro machen sich zu zweit auf Stadterkundungstour und spielen Schach in einem Park. Am Abend treffen wir uns alle wieder. Wir kaufen drei russische Honigbiere und setzen uns in den Park. Miro erinnert sich daran, in seinem tollen Reiseführer gelesen zu haben, dass es eigentlich nicht erlaubt ist, in Moskauer Parks Alkohol zu konsumieren, auch wenn unser Honigbier sehr wenig davon enthält. Wir sehen uns um und entdecken tatsächlich niemanden, der etwas Alkoholisches trinkt. So nehmen wir hin und wieder heimlich einen Schluck und verstecken die Flasche anschließend wieder in unserem Rucksack.

Morgen geht die Reise weiter, die Zeit ist schnell verstrichen.

»Ich freue mich, aus der Stadt herauszukommen und andere Gegenden zu entdecken«, meint Lorenz. Miro und Giulia stimmen ihm zu. Und so quatschen wir noch ein wenig, mit verstecktem Bier im Rucksack in dem kleinen Stadtpark, und genießen unseren letzten Abend in Moskau.

5 Dem Sonnenaufgang entgegentuckern

In der brütenden Hitze des russischen Sommers stehen wir zu dritt auf dem Bahngleis in Moskau und betrachten das Gefährt, in dem wir die nächsten sechsundachtzig Stunden verbringen werden, um nach Irkutsk am Baikalsee zu gelangen, dem tiefsten See der Erde.

»Oje, wie bequem das wohl werden wird«, seufzt Lorenz angesichts des recht in die Jahre gekommenen Zuges der Transsibirischen Eisenbahn.

Eine Schaffnerin steigt aus dem letzten Waggon, der dritten Klasse. Hier haben wir unsere Plätze gebucht. Los geht's! Wir nehmen unsere Rucksäcke, den großen Beutel mit unserem Proviant sowie die Wasserkanister und stapfen der Schaffnerin entgegen.

»Dobryi den!«, sagen wir, zeigen Tickets und Pässe vor und werden mit einem Lächeln durchgewinkt, »Spasiba!« Wir steigen die Stufen hinauf, und schon sind wir im Waggon. Ein kurzer, enger Gang führt zum großen Schlafraum. Die Tür öffnet sich quietschend.

»Wow!«, entfährt es Giulia. Wie wir uns doch in unseren Einschätzungen täuschen können. Vor uns öffnet sich ein breiter, von Sonnenlicht durchfluteter Schlafwaggon in sehr gutem Zustand. Die Liegen sind breit und bequem, die Rucksäcke leicht verstaubar. Durch den langen Gang in der

Mitte und die offenen Abteile ist der Waggon auch bestens belüftet.

»Da hast du dich kräftig getäuscht, Lorenz!«, sagt Miro und grinst. Wir sind alle erst mal begeistert und machen es uns gemütlich. Nach kurzer Zeit füllen überwiegend russische Fahrgäste den Zug, der sich nach einem lauten Pfiff ruckelnd in Bewegung setzt. In der dritten Klasse zählen wir Liegen für vierundfünfzig Personen, die nun auch fast alle besetzt sind. Sie verteilen sich auf neun offene Blöcke, die jeweils sechs mit rotem Leder bezogene Plätze umfassen. Von der Schaffnerin bekommen wir alle eine weiche Matratze, ein Kissen, eine kratzige braune Wolldecke und saubere, in Plastik eingeschweißte Bettwäsche; sogar ein Waschlappen ist mit dabei. Wir machen gleich unsere Betten und beziehen das Kissen. Uns fällt auf, dass der Zug um einiges breiter ist als die uns bekannten Züge in Europa. Durch den vielen Stauraum steht praktisch kein Gepäck im Gang herum. Jedoch sind die oberen Liegen wirklich nur zum Schlafen oder Liegen gedacht, da würde man ziemlich krumm sitzen und sich den Kopf anschlagen. Zum Glück gibt es auf der unteren Liege genug Platz – da werfen wir einfach die Wolldecke über das gemachte Bett, sodass dieses sauber bleibt, und setzen uns nebeneinander.

Unten befindet sich auch ein praktischer Tisch für Mahlzeiten, für das Schreiben unserer Tagebücher, Kreuzworträtsel, Sudokus oder für eine von Miros Lieblingsbeschäftigungen: das Schachspielen. Einen gravierenden Nachteil des Waggons bemerken wir jedoch schnell: Die Toilette, mehr oder weniger ein Sitz mit sich via Pedal öffnendem Loch, kennt weder Seife noch fließend Wasser zum Händewaschen. Gut, dass wir Desinfektionsmittel und Feuchttücher eingepackt haben!

Wir schauen zu, wie Moskau an uns vorbeizieht und wie wir langsam in ländliche Gebiete kommen. Bald fahren wir durch dichte Wälder. Es ist erstaunlich, was die Aussicht auf die gut dreieinhalb Tage lange Zugfahrt mit uns macht. Wir sind tief entspannt. Es gibt kein Wi-Fi und keine TV-Unterhaltung, kein beständiges Pling-Pling der Smartphones. Wir nehmen unsere Bücher hervor, lesen und diskutieren.

Am Ende des Waggons gibt es einen mit Kohle befeuerten Wasserkocher. Zum Abend hin bereiten wir uns eine Instantnudelsuppe zu. Unsere russischen Mitfahrenden essen das Gleiche – anscheinend die typische Reiseverpflegung für die Transsib. Nebenher werden im Waggon Abertausende Sonnenblumenkerne geknackt, und unser Sitznachbar am Fenster stürzt nach dem Essen erst mal ein Gläschen Wodka hinunter. So viel Klischee muss sein.

Eine Angestellte kommt vorbei und weist uns auf das Restaurant im Zug hin. Da lächelt uns unser anderer russischer Sitznachbar, Piotr, an, hebt den Arm und reibt Daumen und Zeigefinger aneinander. Aha, sehr teuer! Wir bleiben also lieber bei der Nudelsuppe. Piotr hat sich Brot und Wurst mitgebracht. Zum Nachtisch gibt es Kwas, ein bräunliches Getränk aus einer 1,5-Liter-Flasche. Wir fragen uns im Stillen, ob es sich dabei wohl um eine XL-Flasche Bier handelt. Offenbar hat er unsere neugierigen Blicke bemerkt, jedenfalls bietet er uns direkt einen Schluck an. Wir sind gespannt und kosten: Es ist eher eine Art russische Cola, mit weniger Zucker und auf der Basis von vergorenem Brot. Ein Lächeln, Daumen hoch, lecker! Ein kleiner Kulturaustausch ohne Worte.

So langsam wird es Nacht, wir ziehen die Rollläden herunter, und zum gleichmäßigen Tack-Tack, Tack-Tack der Räder auf den Gleisen tuckern wir gen Osten, dem Sonnenaufgang entgegen.

Am nächsten Morgen wacht Lorenz als Erster auf. Die Sonne blendet durch das gegenüberliegende Fenster, da der dort schlafende Mann die Rollläden nicht heruntergelassen hat. Er sitzt bereits munter beim Frühstück und blickt hinaus auf die in das Licht der Morgensonne getauchten Wälder. Ein Weiterschlafen ist unmöglich – für die nächste Reise werden wir unbedingt Schlafbrillen einpacken. Ein wenig neidvoll sieht Lorenz zu Giulia hoch, sie schläft auf der Liege schräg über ihm und ist dort oben noch in angenehme Dunkelheit gehüllt. Einen Vorteil hat das frühe Aufwachen aber dennoch: Die Toiletten sind frei. Wie wir am vorherigen Abend zu unserem Entsetzen feststellen mussten, werden sie in der Nacht verschlossen und erst in der Früh wieder geöffnet. Dementsprechend gibt es am Abend sowie am Morgen, sobald die meisten aufwachen, einen ziemlichen Andrang. Natürlich haben wir über die Gründe dieser Maßnahme spekuliert und vermuten, dass es nachts irgendwelche Zwischenfälle in Verbindung mit den Toiletten gegeben haben muss. Und da die Schaffnerinnen und Schaffner auch irgendwann schlafen müssen, ist eine ständige Kontrolle nicht möglich und daher ein Abschließen unausweichlich.

Wie dem auch sei, als Lorenz zurückkommt, sind auch Giulia und Miro aufgewacht. Piotr muss wohl mitten in der Nacht ausgestiegen sein, aber er hat uns freundlicherweise sein Kwas als kleines Geschenk hinterlassen. Wir kramen unseren Proviantbeutel unter der Sitzbank hervor und machen uns ein Festessen, bestehend aus Bananen, Keksen, ein bisschen Schokolade, Fruchtsaft und einem Gläschen Kwas. Nach diesem Luxusfrühstück stellt sich natürlich die Frage: Was nun? Wie verbringt man so viel Zeit im Zug?

Wir scheinen die Antwort auf diese Frage schon zu kennen, schnappen uns unsere Bücher und beginnen zu lesen. Immer mal wieder kommt unsere nette Schaffnerin vorbei, putzt hier und dort, lächelt und bietet uns einen heißen Tee an. Wenn wir doch nur ein bisschen Russisch könnten, um ein Gespräch anzufangen! Ansonsten unterhalten wir drei uns über die unterschiedlichsten Themen oder betrachten die vorbeiziehende Landschaft: unendliche Wälder, Sümpfe, weite Wiesen mit zahlreichen violetten Blumen und zwischendurch ein paar Industrieruinen.

Als es auf Mittag zugeht, wird diese entspannte Gemütlichkeit abrupt unterbrochen. Der Zug hält quietschend an, wir haben ein kleines Städtchen mitten in Russland erreicht. Unser zweiter Nachbar am gegenüberliegenden Fenster steigt aus.

Wie bei jeder Station schauen wir erst mal neugierig aus dem Fenster. Wir sehen, dass sich draußen in der Sonne am Bahnsteig eine große Menschenmenge versammelt hat, darunter ältere Männer und Frauen, aber auch Jugendliche und Kinder. Es scheinen ganze Familien und Freundeskreise zu sein. Wir fragen uns, was da los ist. Vielleicht eine große Verabschiedungsrunde für eine längere Reise? Plötzlich entdecken wir inmitten der Menschenmenge eine Gruppe blau uniformierter junger Männer mit kurz rasierten Haaren und großen Armeetaschen. Da wird uns klar, dass wir drauf und dran sind, hochrangigen Besuch zu bekommen. Es scheinen Mitglieder einer militärischen Organisation zu sein, vielleicht sogar des russischen Heeres?

Wir tauschen ein paar besorgte Blicke aus, denn wir sind unsicher, was uns da genau erwartet. Steigen sie jetzt alle bei uns ein? Und wollen wir wirklich das russische Militär kennenlernen? Draußen auf dem Bahnsteig scheint der emotionale Verabschiedungsprozess so langsam zum Ende zu kommen. Einige weinen, andere lachen und umarmen sich freundschaftlich. Dann scheint ein Befehl zu erfolgen, denn plötzlich setzt sich die Gruppe in Bewegung und steigt in unseren Waggon.

Schwarze Springerstiefel stapfen in schnellem Tempo an unseren Plätzen vorbei. Es sind bestimmt zwanzig junge Männer. Sie füllen den Waggon aus, von ganz hinten bis zu uns. Alle tragen ihre blauen Armeejacken und -mützen, obwohl es draußen bestimmt dreißig Grad heiß ist. Schon jetzt bemerken wir ein paar neugierige Blicke in unser offenes Abteil. Wir sind anscheinend interessant. Alle schauen aber sehr ernst drein und schweigen. Als Letzte laufen zwei ältere Herren, vermutlich die Kommandanten, an uns vorbei. Der Zug setzt sich ruckelnd wieder in Bewegung. Die Neuankömmlinge haben ihre Plätze eingenommen und schweigen noch immer. Wir fragen uns schon, ob sie nun die ganze Fahrt über so steif dasitzen müssen, die armen Kerle. Dann ertönt ein lauter Ausruf eines der Kommandanten in schönstem Russisch, und alle legen ihre Uniformjacken und -mützen ab, ziehen die Stiefel aus und schlüpfen in dunkelgrüne Crocs. Ein Befehl zum Entspannen also. Damit endet auch die Stille, und rund um uns werden Unterhaltungen laut.

Unsere Anspannung legt sich ein wenig, und wir fallen bald wieder in unsere kürzlich gefundene Zug-Routine: lesen und diskutieren. Allerdings dauert es nicht lange, bis unsere neuen Nachbarn die Gespräche auf Deutsch mitbekommen. Wir hören, wie hinter uns etwas über »angliyskiy« geredet wird, verbunden mit zeitweisem Gelächter und lauteren Zwischenrufen. Sie suchen anscheinend nach jemandem, der halbwegs gut Englisch spricht. Da steht ein junger, kleinerer Mann mit dunklen Haaren aus der Gruppe auf, begleitet von einem der Kommandanten, setzt sich zu uns, lächelt und sagt in gebrochenem Englisch:

»Hallo! Wo kommt ihr her?« Der Kommandant hat schweigend am gegenüberliegenden Fenster Platz genommen. Wir lächeln zurück, und Giulia antwortet: »Hallo! Ich bin aus der Schweiz!«, Miro fügt hinzu: »Ich auch!«, und Lorenz schließt die Runde ab: »Ich bin aus Deutschland. Schön, dich kennenzulernen! Wie heißt du?«

Wir stellen uns gegenseitig vor und lernen Jegor kennen, der uns bald mit Fragen überhäuft. Immer wenn wir fertig geredet haben, übersetzt er unsere Worte dem Kommandanten. Dieser ruft die neu gewonnenen Informationen dann der ganzen Gruppe zu und wendet sich anschließend auf Russisch an Jegor, vermutlich, um ihm die nächste Frage zu diktieren. Es ist ein amüsantes Schauspiel.

»Wie gefällt euch Russland?«, fragt uns Jegor.

»Sehr gut! Wir haben viele nette Menschen hier getroffen«, sagt Giulia.

»Obwohl wir jeden Morgen eine Flasche Wodka zum Frühstück trinken?«, gibt Jegor lachend zurück, und wir stimmen ein.

»Was arbeitet ihr zu Hause? Und was bringt euch hierher?«, fragt uns Jegor weiter aus.

Wir antworten, erzählen ein wenig von unserem Studium und unserer Reise, wollen bald aber den Spieß umdrehen. Es interessiert uns, zu erfahren, was Jegors Aufgabe ist und was seine Truppe so macht.

»Seid ihr von der Armee?«, fragt Lorenz. »Wo fahrt ihr denn hin?«

Jegor nickt, hat aber Schwierigkeiten, auf Englisch zu antworten. Nach ein paar lauten Rufen in den Waggon hinein und kleineren Diskussionen nach dem Motto »Wer kann hier sonst noch Englisch sprechen?«, setzt sich ein weiterer junger, schlaksiger Mann mit hellen Haaren neben uns. Zweiter Versuch. Er stellt sich als Mischa vor.

»Wir sind Rekruten der russischen Armee und auf dem Weg nach Nowosibirsk«, sagt er.

»Macht ihr dort eine Art Wehrdienst?«, erkundigt sich Miro neugierig.

Mischa nickt. »Ja, Spezialeinheit, für ein Jahr. Aber viele von uns wollen danach noch weitermachen. Man verdient recht gut.«

Wir wüssten gern, wie es Mischa, Jegor und ihren Kameraden mit dem Wehrdienst so ergeht, aber wahrscheinlich ist das nicht die beste Frage, die man in Anwesenheit des Kommandanten stellen kann. Stattdessen fragen wir:

»Was genau macht ihr da? Was ist denn euer Spezialgebiet?«

Nachdem Mischa übersetzt hat, lächelt der Kommandant, und wir erfahren, dass wir es mit Fallschirmjägern zu tun haben.

»Einige von uns werden wahrscheinlich nach Syrien gehen, um zu kämpfen.« Er wirkt sehr ernst, als er dies sagt. Für den Moment sind wir sprachlos angesichts seiner Direktheit. Wir wissen nicht genau, wie wir reagieren sollen.

Der Kommandant murmelt wieder etwas auf Russisch in Richtung von Mischa, der prompt übersetzt:

»Was haltet ihr vom Syrienkrieg?«

Puh, jetzt wird es interessant. Wir schauen uns an und entscheiden uns für einen diplomatischen Weg.

»Wir finden es schlecht, wenn Menschen leiden, und wir befürworten ein Ende des Krieges«, sagt Lorenz. »Es ist eine sehr komplizierte Situation und schwierig zu verstehen, was dort genau abläuft. Aber wir denken, dass Assad eine sehr schlimme Person ist.«

Mischa übersetzt, der Kommandant nickt, antwortet dann auf Russisch, und Mischa übersetzt: »Wir wollen dort Frieden stiften. Das ist unsere Aufgabe.«

Wir denken uns unseren Teil: Kann Frieden durch noch mehr Bomben und die Unterstützung eines Diktators gestiftet werden? Wir wollen aber möglichst jede Provokation vermeiden. Auch der Kommandant scheint das Thema wechseln zu wollen.

»Was denkt ihr über Angela Merkel?«, übersetzt Mischa seine nächste Frage. »Sie hat sehr viele Flüchtlinge ins Land gelassen, nicht wahr? Wir haben gehört, dass es jetzt überall Kriminalität gibt.«

Wir versuchen unsere Sicht der Dinge zu erklären. Dass wir keine Merkel-Fans sind, unter anderem wegen ihrer Klimapolitik, dass die Kriminalität von Geflüchteten kein derartiges Problem ist, wie manche gern behaupten, dass es Versäumnisse aufseiten Merkels gab, aber es selbstverständlich sein sollte, Menschen in Not zu helfen. Sie wirken erstaunt, dass das mit der Kriminalität gar keine solche Katastrophe ist, wie sie angenommen hatten. Und schon geht es weiter mit dem Austausch über Politik, der sich für uns als Übung in internationaler Diplomatie entpuppt. Wir werden ausgefragt über unsere Gedanken zu allen heiklen Themen, die man sich nur vorstellen kann: Wladimir Putin, die Krim-Annektierung, Nordkorea, Donald Trump und sogar Stalin. Auch wir stellen Fragen, allein schon, um ihre Meinung zu hören und nicht die ganze Zeit in der Defensive zu sein. So zieht sich unser Gespräch über Stunden. Mischa tut uns inzwischen ziemlich leid. Er muss die ganze Zeit übersetzen, häufig fällt es ihm schwer, die richtigen Worte auf Englisch zu finden. Als es schon längst dunkel ist, geben wir ihm zu verstehen, dass wir langsam schlafen möchten, und verabschieden uns. Was für ein Tag! Wir hätten nie gedacht, dass wir in einem Zug irgendwo in Russland solche Bekanntschaften machen und derartige Gespräche führen würden. Eine alles andere als langweilige Zugfahrt. Mit Tausenden Gedanken im Kopf machen wir uns bettfertig.

Am nächsten Morgen geht die Sonne wieder ein bisschen früher auf. Die fehlenden Schlafbrillen machen uns ziemlich zu schaffen, besonders natürlich Lorenz, der unten liegt. So haben wir selbst im Zug einen kleinen Jetlag.

Früh am Morgen werden die Plätze am gegenüberliegenden Fenster von einem älteren Ehepaar besetzt, was eine neuerliche Diskussionsrunde mit den Rekruten deutlich erschwert. Aber es dauert nicht lange, bis Mischa sich wieder zu uns setzt, diesmal allein.

»Gut geschlafen?«, fragt er. Wir nicken höflich, aber er merkt, dass das kein überzeugtes Nicken ist, und lächelt.

»Und du?«, fragen wir zurück.

»Klar! Russische Soldaten schlafen immer gut!«, ruft er lachend aus, auch wenn er wie wir ein wenig müde aussieht. Da wir nun halbwegs unter uns sind, fragt ihn Lorenz:

»Wie geht es dir denn mit der Wehrpflicht?«

Mischa sieht sich kurz um und antwortet dann vorsichtig: »Eigentlich wollte ich Buchbinder werden. Aber es gibt keine Arbeit, und irgendwie muss man ja Geld verdienen.« Er scheint nicht wirklich glücklich darüber zu sein und möchte nicht weiter darüber reden. »Wartet kurz!«, ruft er da. »Bin gleich zurück.« Er springt auf und geht in den hinteren Teil des Waggons. Oha, was erwartet uns denn jetzt?

Bald darauf kommt er zurück, beladen mit drei dunkelgrünen Pappkartons mit einem Stern darauf.

»Hier!«, sagt er und reicht uns die drei Pakete. »Das ist richtig gutes Armee-Essen! Da wir eine Spezialeinheit sind, bekommen wir fast das beste Menü! Noch höher kommt dann nur noch Kaviar.«

»Oh, danke, Mischa!«, sagen wir verdutzt. »Wir können aber nur ein Paket annehmen. Wir haben noch so viel eigenes Essen und wollen nicht, dass es schlecht wird.«

»Seid ihr sicher?«, hakt Mischa nach. »Es ist echt lecker!« Wir nicken lächelnd und bedanken uns bei ihm. Da reicht uns Mischa noch einen Magneten von seiner Heimatstadt. Wir sind ein bisschen betreten, dass wir selbst nichts mitgebracht haben, was wir verschenken könnten.

Mischa strahlt uns an und geht zurück zu seinen Kollegen. Wir hören, wie sie Filme anschauen, der Geräuschkulisse nach zu urteilen Drama- und Actionfilme mit vielen weiblichen Darstellern. Und wir kehren wieder zu unserem Zugalltag zurück. Unterbrochen wird dieser immer an den Stationen, wo wir zwischen dreißig und sechzig Minuten halten und uns die Beine vertreten können. In manchen Dörfern kommt fast die ganze Bevölkerung an den Bahnsteig, so scheint es, und verkauft dort alle möglichen Dinge. Von Hausschuhen und Kleidung über Blumen bis hin zu Zahnbürsten, Nudelsuppen, Früchten, Karamellwaffeln, Brot, geräuchertem Fisch und Hühnchen ist alles dabei. Meistens sind es Frauen, die überfüllte Körbe tragen oder alte Kinderwagen, vollgepackt mit den Waren, vor sich herschieben – wo wohl die Männer sind? Die Ankunft des Zuges wird jedes Mal zu einem richtigen Ereignis.

So vergeht auch dieser Tag wie im Fluge. Als es langsam Abend wird, erreicht der Zug Nowosibirsk, eine Millionenstadt mitten in Russland, und unsere Soldatenfreunde steigen aus. Es gibt eine kurze Verabschiedung, das gesamte Bataillon kommt bei uns vorbei und ruft: »Tschüüüs! Tschüüs!« Wir grüßen zurück und schauen ihnen aus dem Fenster zu, wie sie sich aufstellen und abmarschieren. Die kurze Bekanntschaft mit Mischa und Jegor und die Diskussionen werden wir wohl nie vergessen.

Es bleibt uns noch knapp ein Tag auf der Transsib. Wir lernen einen Musiker aus Sankt Petersburg kennen und haben einen neuen Nachbarn, der uns russische Schokobonbons schenkt. Wegen der Sprachbarriere kommt aber kein wirkliches Gespräch mehr auf. Zum nächsten Mittagessen öffnen wir voller Neugier das Essenspaket der russischen Armee. Es sind viele kleinere Dosen und Päckchen darin, Kekse, Zucker, Kaffee und Schokolade. Wie erwartet handelt es sich bei den Dosen aber vor allem um Fleischkonserven, eine Art Wurst und Fleischbällchen. Dumm nur, dass wir eigentlich kein Fleisch essen. Wir heben uns den Großteil auf, um ihn vielleicht später essen oder verschenken zu können.

Ansonsten widmen wir uns unseren Büchern, schreiben Tagebuch und betrachten die Wälder und Sümpfe, die an unserem Fenster vorbeiziehen. Dann, am vierten Tag früh am Morgen, kommen wir in Irkutsk an. Wir packen unsere Siebensachen zusammen, schnallen uns unsere Rucksäcke um, und weiter geht's. Als wir aussteigen, treffen wir nochmals unsere nette Schaffnerin. Obwohl wir uns nicht miteinander unterhalten konnten, haben wir sie auf eine Weise liebgewonnen. Wir machen noch ein Foto miteinander, und sie gibt Giulia zum Abschied ein Küsschen auf die Wange.

Auf geht es in die Jugendherberge. Wir kramen einen zerknitterten Zettel aus unserem Rucksack hervor mit einer Wegbeschreibung zur Unterkunft und einer kleinen Stadtkarte. Wir versuchen, die kyrillischen Straßennamen zu entziffern und unseren Weg zu finden. Irgendwann sollten wir vor der Jugendherberge stehen.

»Hier muss es sein!«, ruft Giulia aus. Allerdings erstreckt sich vor uns nur ein ganz normaler Wohnblock, von einer Jugendherberge keine Spur. Wir laufen um den Block herum und finden einen Hauseingang. Vertrocknete Blätter und weiße Pollen liegen auf dem Boden im Innenhof. Es gibt einen kleinen Spielplatz mit Schaukel und Klettergerüst, umgeben von Bäumen. Ob wir hier richtig sind?

Im nächsten Moment entdecken wir einen halb abgerissenen Aufkleber an der Hauswand mit der Aufschrift: *Hostel here! Ring at Nr. 9.*

Wir befolgen die Anweisung und klingeln. Eine heitere Stimme ertönt aus der Sprechanlage, und schon öffnet sich die Tür. Wir befinden uns in einem gewöhnlichen Wohnhaus und steigen die Treppen hoch zur Nummer neun.

Oben angekommen, lernen wir die fröhliche Inna kennen. Sie ist für die Administration der Jugendherberge zuständig und überhäuft uns geradezu mit Hilfsbereitschaft. Als Erstes führt sie uns in der gemütlichen Wohnung mit vielen Holzmöbeln, Holzboden und Fotos vom Baikalsee an den Wänden herum und fragt uns nach unseren Plänen. Sie holt eine Stadtkarte hervor und fängt an, alles Mögliche einzuzeichnen: wichtige Sehenswürdigkeiten, den Supermarkt sowie die Busstation für die Busse nach Listwjanka am Baikalsee. Dazu erzählt sie uns viel über die Stadt und was wir beachten müssen. Inna ist hier aufgewachsen und kennt Irkutsk wie ihre Westentasche. Sie ist eine besondere Freundin der Natur, findet aber auch die Stadt sehr schön. Wir versuchen uns auf all ihre Erklärungen zu konzentrieren, doch wir müssen immerzu an die Dusche denken. Schließlich haben wir knapp vier Tage ohne fließend Wasser gelebt, was für uns doch etwas gewöhnungsbedürftig war. Irgendwann blickt Inna auf die Uhr, wirbelt erschrocken herum und ist im Nu verschwunden. Sie hat noch eine Verabredung in der Stadt.

Im nächsten Moment entscheiden wir durch »Schere, Stein, Papier«, wer als Erstes unter die Dusche hüpfen darf. Giulia gewinnt!

Nach der bisher schönsten Dusche unseres Lebens und gestärkt durch ein paar Reste unseres Zugproviants, machen wir uns mit unserem vollgekritzelten Stadtplan auf Entdeckungstour. Wir erwarten ein hübsches, kleines Städtchen. Draußen merken wir aber schnell, dass wir uns ziemlich getäuscht haben. Überrascht stehen wir im Licht einer unbarmherzigen Sonne, umgeben von Tausenden Autos. Erst einmal müssen wir auf die andere Seite des Angara-Flusses Richtung Stadtzentrum. Nachdem wir die Brücke überquert haben, sind wir schweißgebadet und bereit für die nächste Dusche. Auf einer elektronischen Anzeige lesen wir, dass es gerade fünfunddreißig Grad heiß ist. Man sieht förmlich die Hitze vom Asphalt hochsteigen. Dazu kommt der Verkehr. Noch nie haben wir solch ein Chaos auf den Straßen erlebt. Viele Autos sind steinalt und haben überall Beulen. Anscheinend ohne Filter, ziehen sie schwarze Wolken aus Ruß hinter sich her. Die Luft ist schwer von Partikeln und Abgasen. Die Autos hupen aggressiv, und das Quietschen der Reifen auf dem Asphalt ist allgegenwärtig. Mitten hindurch fährt eine klapprige Straßenbahn, die Fenster weit geöffnet, um einen Luftstrom zu ermöglichen. Die Insassen sind dennoch schweißgebadet. Mit Sibirien haben wir bisher immer Eiseskälte in Verbindung gebracht.

Wir sehen uns um und entdecken eine Ansammlung von Menschen und eine Bühne auf einem großen Platz. Was da wohl los ist? Neugierig nähern wir uns und bemerken, wie einige aus dem Publikum hoch auf die Bühne gehen und leidenschaftlich russische Lieder singen. Das wird wohl eine Karaoke-Veranstaltung sein. Die Menschen tanzen, singen und lachen. Wir sind begeistert von ihrer Leidenschaft.

Unser planloses Rumgewatschel gibt uns einen guten Überblick über diese alte Handelsstadt mit ihren schön geschnitzten Holzhäusern. Stunden später, als wir wieder zum Flussufer spazieren, geht langsam die Sonne unter. Das warme Farbenspiel veranlasst uns dazu, unsere Kamera hervorzuholen. Miro ist allein in Richtung Jugendherberge gegangen, um die Stadt noch ein wenig auf eigene Faust zu erkunden. Wir fragen also einen jungen Mann, ob er ein Foto von uns machen würde, und reichen ihm unseren kleinen Fotoapparat. Er tut uns den Gefallen, wirkt jedoch unzufrieden.

»Diese Kamera ist ... na ja, nicht so modern«, sagte er vorsichtig, um bloß nicht in ein Fettnäpfchen zu treten. Wir stimmen ihm lachend zu.

»Wenn ihr wollt, kann ich ein Foto mit meiner Kamera machen und euch übers Internet schicken!« Da holt er auch schon eine riesige Kamera mit mehreren Aufsätzen aus seiner Tasche. Oh, denken wir, da haben wir wohl einen professionellen Fotografen erwischt.

Binnen Minuten ist der junge Mann ganz in seinem Element. »Dreht euch ein bisschen mehr zur Seite. Ja ... Etwas mehr links. Und lächeln.« Er drückt auf den Auslöser, dann schlägt er vor: »Ihr könnt euch ruhig ein wenig näherkommen. Ja, genau so. Kannst du deinen Arm auf seine Schulter legen?« Er schaut Giulia an. Die anfängliche Schüchternheit ist verflogen, und wir posieren für unser erstes Fotoshooting. Das haben wir beide nicht erwartet und atmen entspannt auf, als es vorbei ist. Ob er uns die Fotos wirklich schicken wird?

Unsere nächsten Tage sind mit Ausflügen zum Baikalsee angefüllt. In der Frühe machen wir uns auf den Weg zum Busbahnhof, von dem Inna uns erzählt hat, und steigen in eine der alten Trambahnen. Nach wenigen Stationen kommen wir beim Markt an. Von Bussen keine Spur. Dafür gibt es lauter knackiges Gemüse und bunte Früchte. Auf unserer Suche nach den Bussen hören wir plötzlich ein Miauen. Wir drehen uns um und sehen, dass eine Frau auf dem Markt kleine Kätzchen und Welpen in Kartonschachteln hält und diese verkaufen möchte. Die Armen sitzen da in der Hitze und sehen alles andere als glücklich aus.

Kurz darauf entdecken wir einen Parkplatz, auf dem mehrere kleine Transporter stehen. Hinter der Windschutzscheibe klebt jeweils ein A4-Blatt, auf dem irgendeine Destination steht. Wir finden den Bus mit der Aufschrift Листвянка. Wie Schulkinder entziffern wir langsam Lii… ssstw…ja…n…ka. Listwjanka, das muss er sein!

Wir merken schnell, dass der Bus sich nicht nach einem Fahrplan richtet, sondern dann losfährt, wenn alle Plätze besetzt sind. Nach gut anderthalb Stunden Busfahrt durch Wälder und entlang des Angara-Flusses glitzert uns der Baikalsee entgegen. Wir sind da!

Wir versuchen zu erkennen, wie viel die anderen Fahrgäste dem Fahrer bezahlen, doch die Farben der Rubelscheine zwischen den Händen der Fahrgäste sind verblasst. Beim Auseinanderhalten der Münzen sind wir sowieso hoffnungslos verloren. Als wir an der Reihe mit Zahlen sind, versuchen wir dem Fahrer zu erklären, dass wir nicht wissen, wie viel die Fahrt kostet. Nach ein paar ahnungslosen Blicken und Gesten tippt der Fahrer eine Zahl in sein Smartphone ein. Aha, hundertdreiundzwanzig Rubel. Wir bezahlen, merken uns den Preis für die Rückfahrt und steigen aus.

Die Mittagssonne strahlt herab, es ist heiß. Für eine längere Wanderung ist es bereits zu spät. Erst mal wollen wir sowieso unseren großen Zeh in den See halten. Das Wasser ist eiskalt!

Entspannt spazieren wir weiter zu einem Aussichtspunkt. An den Straßenrändern wird überall Omul geräuchert, ein Fisch, der nur im Baikalsee lebt. Unter einem Baum schlagen wir unser großes rotes Tuch aus und setzen uns hin. Wir sind fasziniert von den blauen Weiten des Sees. Fast haben wir das Gefühl, am Meer zu sein. An Bäumen, Büschen und Pfählen sind weiße und bunte Bänder festgeknotet. Wir lernen, dass um den Baikalsee herum Schamanen leben und dass es sich bei den im Wind flatternden Stofffetzen um Wunschbänder für Geister handelt. Vor dieser wunderschönen Szenerie genießen wir ein paar überteuerte süße Früchte.

Die Rückfahrt verläuft rasant und voller Schrecken. Zum Glück gibt es Anschnallgurte. Binnen rekordverdächtigen vierzig Minuten erreichen wir die Stadt. Danach müssen wir uns erst mal in der Jugendherberge von dem unfreiwilligen Abenteuer entspannen. Wir ziehen definitiv die langsame Reisevariante vor.

Bei Inna erkundigen wir uns nach Wanderungen, die wir am Baikalsee unternehmen können. Als begeisterte Naturfreundin holt sie eine ihrer Karten hervor. Sie empfiehlt uns den »Great Baikal Trail«. Diese Wanderung dauert drei Tage, aber wir können nur einen Teil der Strecke zurücklegen, da wir am nächsten Tag wieder in den Zug hüpfen und zudem keine Camping-Ausrüstung dabeihaben. Wir entscheiden uns für eine zwanzig Kilometer lange Etappe von Listwjanka nach Bolshie Koty, wo wir ein Schiff zurück nach Irkutsk nehmen können. Inna erklärt uns noch, dass sich der Wanderweg im Pribaikalski-Nationalpark befindet und dafür eine Eintrittsberechtigung nötig ist. Diese können wir für wenig Geld in Listwjanka kaufen, meint sie noch.

Als wir in der Frühe in Listwjanka ankommen, laufen wir in Richtung Nationalpark und halten Ausschau nach einem Büro, wo wir diese Eintrittsberechtigung kaufen können. Wir passieren eine Gruppe von Kühen, die anscheinend beschlossen hat, auf dem Gehweg eine Pause einzulegen. Auch ein paar Hühner treffen wir auf dem Weg. Bald sind keine Häuser oder Hütten mehr zu sehen, und wir nähern uns einem Wald. Hinter einer Biegung signalisiert eine große Holztafel den Eingang zum Nationalpark. Sie heißt uns willkommen und erinnert uns nochmals daran, dass ein Eintritt ohne Berechtigung verboten sei und ein saftiges Bußgeld mit sich bringe. Weit und breit gibt es jedoch keine Möglichkeit, eine solche Berechtigung zu kaufen. Wir sehen uns ratlos an.

»Was sollen wir jetzt machen?«, fragt Lorenz.

»Wenn wir zurück ins Dorf und wieder hierherlaufen, verlieren wir mindestens eine Stunde«, rechnet Giulia vor. »Und dann verpassen wir vielleicht unser Schiff. Ganz abgesehen davon, dass es weit und breit kein Büro zu sehen gab.« Auch Miro stimmt zu. Wir sind uns einig, zurücklaufen kommt nicht infrage. So machen wir uns ohne Berechtigung auf den Weg in den Nationalpark.

Nachdem wir eine Strategie für ein mögliches Treffen mit einem Ranger ausgetüftelt haben und uns langsam entspannen, bemerken wir erst den wunderschönen Wald, in dem wir uns befinden. Wir sind umgeben von dichtem, leuchtendem Grün. Die Luft ist erfüllt vom Surren und Schwirren von lauter Insekten. Es ist atemberaubend schön. Man könnte meinen, dass man in einer Art Urwald steht, so dicht ist die Vegetation, so lebendig der Wald. Voller Energie machen wir uns auf den Weg. Es geht eine ganze Weile bergauf, und die Luftfeuchtigkeit ist sehr hoch. Zudem weht kein Lüftchen, da wir uns auf der Rückseite eines Hügels befinden. Wie so oft seit unserer Ankunft in Sibirien sind wir nassgeschwitzt. Auf der Kuppe angekommen, werden wir aber auch schon von der kühlen Seeluft empfangen, die vom Baikalsee aus zu uns heraufströmt. Fast ist es ein bisschen zu kalt. Dann geht es bergab, und irgendwann erreichen wir endlich den See, wo wir eine Essenspause einlegen. Hier ist es völlig still. Der See ist so weit, dass wir nirgends ein anderes Ufer ausmachen können.

Schon bald müssen wir die zweite Etappe des Weges angehen. Während unserer nun folgenden dreistündigen Wanderung sehen wir nur einen winzigen Bruchteil des riesigen Sees. Manchmal fühlen wir uns wieder wie im Urwald, dann wie in einem Pinienwald am Mittelmeer mit harzig süßen Düften, dann wie in einem Tannenwald in Sibirien oder einfach wie am weiten Meer. Als wir müde in dem kleinen Ort Bolshie Koty ankommen, haben wir noch etwas Zeit, bis unser Schiff ablegt, das uns zurück nach Irkutsk bringen wird. Wir könnten baden gehen!

Lorenz hat ein wenig Kopfschmerzen, wahrscheinlich von der kalten Seeluft. Wieder halten wir zuerst nur die Zehen ins Wasser. Miro überwindet sich als Einziger und nimmt ein kurzes Bad.

Anschließend setzen wir uns ans Ufer und blicken auf den weiten See hinaus. Eine kühle Brise weht uns entgegen. Es ist unser letzter Tag in Russland, denn morgen früh geht es

Richtung Mongolei. Wir lassen die Erinnerungen der letzten Tage Revue passieren.

»Mit Abstand am spannendsten fand ich die Begegnung mit dem russischen Militär. Überhaupt, solche politischen Diskussionen im Zug in Russland zu führen, das hätte ich nie erwartet!«, sagt Miro. »Und ihr? Was hat euch am meisten beeindruckt?«

Eine schwierige Frage! Es sind so viele kleine Dinge, die wir erlebt haben, Begegnungen mit Menschen wie Piotr, Inna und Mischa, die wir kennenlernen durften, waren wirklich toll. Aber dieser See – er hat schon etwas Geheimnisvolles, und die Landschaft rundherum ist so voller Leben mit all ihren Farben und Formen. Und so genießen wir noch ein wenig die Ruhe am Baikalsee, bis unser Schiff ablegt.

6 Von Zwiebeln, Jurten und Fahrradtouren auf Mongolisch

Wieder geht es auf die Schienen! Mit unseren schweren Rucksäcken und ausgestattet mit einem neuen, gut gefüllten Fressbeutel, machen wir drei uns auf den Weg durch Hitze, Autolärm und Abgaswolken zum nahe gelegenen Bahnhof in Irkutsk. Nachdem wir die Sicherheitskontrolle passiert haben, stehen wir auch schon auf dem Bahnsteig. Wir erkennen unseren Zug auf Anhieb: Auf Russisch, Mongolisch und Chinesisch ist er angeschrieben. Touris mit Fotoapparaten und Sonnenhüten vertreten sich die Füße, entspannen sich mit Yogaübungen oder kraulen den Streuner, der da bestimmt nicht zufällig herumstreicht.

Es folgen die üblichen Einstiegsrituale, und schon sitzen wir in unserer Kabine. Diesmal gibt es leider keine dritte Klasse, und so müssen wir unsere Reise in der teureren zweiten Klasse fortführen. Unsere Plätze befinden sich in einem Viererabteil, was zur Folge hat, dass wir unsere Mitreisenden nicht ganz so einfach kennenlernen. Doch Vorteile verglichen mit der dritten Klasse haben diese Abteile durchaus, besonders für Menschen, für die Privatsphäre sehr wichtig ist: Störende Geräusche, wie etwa das laute Schnarchen mancher Fahrgäste, verbreiten sich etwas weniger, und eine Tür trennt das Abteil vom Gang, wo immer mal wieder jemand entlangläuft. Wobei wir allerdings immer die dritte Klasse vorziehen würden, denn viele unserer Begegnungen hätten in der zweiten Klasse wahrscheinlich so nicht stattgefunden. Und Pech mit den Mitreisenden kann man natürlich unabhängig von der Klasse haben.

»Es ist schon lustig«, sagt Lorenz, während wir es uns gemütlich machen. »Ich habe das Gefühl, dass es sich kaum lohnt auszupacken. Wir kommen ja morgen schon an.« Miro und Giulia stimmen ihm zu. Diese langen Zugfahrten verschieben die Perspektive, eine Vierundzwanzig-Stunden-Fahrt erscheint uns fast schon als kurz. Es ist wirklich so, dass wir uns bei diesen langen Zugfahrten ziemlich entspannen. Noch bevor der Zug abfährt, gibt es einen kleinen Tumult auf dem Gang. Eine südkoreanische Gruppe junger Erwachsener steigt zu. Wir bekommen einen neuen Kabinenkollegen: einen Studenten, der mit seinen Freunden in die Mongolei fährt. Wir unterhalten uns nur kurz, denn bald schauen seine Freunde vorbei, und er verschwindet in deren Abteil. Wie festgenagelt blicken wir aus dem Fenster und gucken zu, wie der Zug langsam aus dem Bahnhof fährt. Nachdem wir eine Weile am kalten Baikalsee entlanggefahren sind, ziehen schon bald erdige Steppenlandschaften an uns vorbei, hin und wieder ein Hügel, ein See oder ein kleines Dorf mit winkenden Menschen. Uns wird bei all dem Interessanten, was es da draußen zu sehen gibt, nie langweilig. Zudem freunden wir uns trotz eigenem Abteil schnell mit den Mitreisenden in den Nachbarabteilen an und hören von den unterschiedlichsten Reiserouten. Als Giulia sich gerade mit einer mutigen Engländerin, die allein von Istanbul über Zentralasien nach Russland gereist ist, im Gang austauscht und ihr von unseren

Plänen erzählt, sagt diese:»Ach was! In meinem Abteil sitzt ein junges Paar, das ebenfalls ohne Flugzeug nach Australien reist!« Lorenz ist begeistert, als Giulia ihm die Neuigkeiten überbringt. Wir fragen uns, welche Route sie nehmen und was wohl die Gründe für ihre Reise sind. Und so dauert es nicht lange, und wir nähern uns einem fremden Abteil, aus dem die Klänge einer Ukulele ertönen. Lorenz klopft kurz an und steckt den Kopf hinein. Die Musik endet, und zwei Augenpaare schauen zu ihm hoch.»Hey! Wir haben gehört, ihr wollt auch nach Australien, ohne zu fliegen?«, fragt Lorenz auf Englisch.»Dürfen wir uns kurz zu euch setzen? Wir würden gern mehr darüber wissen!«

»Klar, gerne!«

Bei dem jungen Paar handelt es sich um Anna und Jakob, die beide aus Deutschland kommen. Schon bald quatschen wir über unsere Reisen. Wir lernen, dass ähnliche Ziele ganz unterschiedliche Pläne mit sich bringen können. Die beiden haben gerade ihr Studium abgeschlossen und sind auf unbestimmte Zeit auf Reisen, da dies für sie wahrscheinlich die letzte Möglichkeit vor dem Arbeitsleben ist, die Welt zu entdecken. Uns wird bewusst: Auch wenn wir langsam reisen, andere reisen noch langsamer. Anna und Jakob planen, erst an Weihnachten, in sechs Monaten also, in Australien anzukommen. Sie wollen einen Monat hier und einen Monat da verbringen und von Indonesien aus nach Australien segeln. All dies machen sie aus Umweltgründen und weil sie auf diese Weise deutlich mehr von den Ländern und Kulturen mitbekommen.

Als Jakob von unseren Plänen hört, mit dem Frachtschiff nach Australien zu fahren, ruft er:»Wirklich? Ihr wollt auf so eine Umweltkatastrophe steigen? Da könnt ihr ja genauso gut fliegen!«

Diesen Teil unserer Reise sieht auch Anna sehr kritisch. In der nun folgenden Diskussion rattern wir all unsere Argumente herunter, die für ein Frachtschiff sprechen, nicht zuletzt, dass zwei Menschen auf einem derart riesenhaften Schiff nicht ins Gewicht fallen. So ganz überzeugt scheinen die beiden nicht. Und wir stimmen ihnen zu: Ihr Plan, mit einem Segelschiff nach Australien überzusetzen, ist aus Umweltsicht sicher besser.

In diesem Moment wird uns bewusst, dass viele Menschen die Frachtschiff-Passage schnell missverstehen, eine Erfahrung, die wir auch nach Abschluss der Reise noch häufiger machen werden. Wir beschließen, Anna und Jakob erst mal ein wenig in Ruhe zu lassen, und gehen in unser Abteil zurück. Diese Begegnung führt uns aber auch vor Augen, dass wir mit unserem Flugstreik nicht so alleine sind, wie man auf den ersten Blick denken könnte. Dass mittlerweile eine richtige Bewegung hinter dem Reisen ohne Flugzeug steht, und zwar global, zeigt sich schnell, wenn man ein bisschen recherchiert (→ Infobox 3).

Den restlichen Tag verbringen wir wieder mit unserem Standard-Zugprogramm: viel lesen, Nudelsuppen essen, diskutieren und die vorbeiziehenden weiten, mit gelb-grünem Gras bewachsenen Steppen betrachten. Immer wieder werden sie von ein paar Büschen oder kleinwüchsigen Bäumen unterbrochen.

Bald schon machen wir uns bettfertig und schlafen ein. Mitten in der Nacht weckt Giulia Lorenz. Sie hat extrem starke Ohrenschmerzen, die sie seit Stunden wachhalten.

Über den Tag hinweg hatten sie sich immer mal wieder angekündigt, blieben aber einigermaßen erträglich. Wie es aussieht, hat sich bei ihr eine Ohrenentzündung entwickelt. Lorenz telefoniert zur Sicherheit kurz mit Gernot, seinem Vater, der glücklicherweise Arzt ist. Er empfiehlt Ruhe sowie einen Zwiebelumschlag auf den Ohren. Zwiebeln haben wir jedoch keine in unserem Proviantsack. Nach einer Dosis Schmerzmittel kann Giulia dann doch noch ein wenig schlafen, während wir uns langsam Ulaanbaatar nähern. Lorenz, den das Ganze noch eine Weile wachhält, steht im Gang und sieht aus dem Fenster. Wir sind im allerletzten Waggon und nach hinten hinaus eröffnen sich im Morgendunst die weiten, flachen Hügellandschaften der Mongolei.

Ein paar Stunden später kommen wir in Ulaanbaatar an. Die Türen öffnen sich, und wir drei steigen aus. Als würden wir aus einer isolierten Blase direkt auf einen Jahrmarkt gelangen, werden wir plötzlich umringt von laut sprechenden Menschen. Sie halten uns die unterschiedlichsten Schilder entgegen, auf denen alle möglichen Touren ins Hinterland angeboten werden. Verschiedene Jugendherbergen sind auch vertreten und versuchen Gäste abzuwerben. Taxifahrer rufen uns ihre Preise entgegen und ringen darum, mit uns ins Gespräch zu kommen. Es ist ein ziemlicher Tumult und für uns früh am Morgen einfach viel zu viel. Giulia hört durch ihre Ohrenentzündung erst mal alles doppelt und ist dadurch noch mehr gestresst. Wir tun uns mit zwei Touristinnen zusammen, die über ihre Jugendherberge ein Taxi bestellt haben, und können so dem Trubel schnell entfliehen.

Uns gibt die Situation am Bahnhof ziemlich zu denken – diese direkte Erfahrung der starken Konkurrenz um ein paar aus den Zügen aussteigenden Touris führt uns unsere Privilegien erneut vor Augen. Sie macht uns zudem klar, wie unglaublich angewiesen viele Menschen hier auf den Tourismus sind – keine besonders sichere und stabile Situation angesichts der Veränderungen, die der globale Tourismus aufgrund des Klimaschutzes und der Ölknappheit wahrscheinlich zu erwarten hat.

Auf der Fahrt durch Ulaanbaatar ziehen viele Plattenbauten an uns vorbei. Die Straßen sind noch wie leer gefegt, es ist früh an einem Sonntagmorgen. Dann erreichen wir unsere Jugendherberge, lernen die Mutter der Geschäftsführerin kennen, die dort ihrer Tochter hilft, und bekommen unsere Betten im Schlafsaal zugewiesen. Dort treffen wir auf Shang-Hu, eine nette südkoreanische Touristin, mit der wir uns gleich anfreunden. Giulia legt sich sofort schlafen, während Miro und Lorenz aufbrechen, um die Stadt unsicher zu machen. Nach einem Kekseinkauf und einer langen Zwiebelsuche für Giulias Ohr kommen die beiden zurück, leider erfolglos, was die Zwiebeln angeht. Selbst in einem größeren Supermarkt gibt es kaum Gemüse zu kaufen. Giulia ist inzwischen aufgewacht. Ihr scheint es etwas besser zu gehen, daher spazieren wir zu einem nahen Café und machen es uns gemütlich. Den braunen Wachmacher bezeichnet Lorenz ein bisschen als Giulias Lebenselixier, was bestimmt mit ihren italienischen Wurzeln zu tun hat. In dem Café halten wir es erst mal gut aus und reflektieren unsere bisherige Reise, unsere ersten Eindrücke von der Stadt, aber auch unsere sonstigen Gedanken. Wir diskutieren viel über die Rolle der Politik in der Klimafrage. So fragen wir uns, was wir nach mehr als dreißig Jahren informativen Stillstands von Regierungen weltweit überhaupt noch erwarten können. Danach gehen wir nochmals richtig einkaufen und wundern uns sehr über ein Glas deutsch beschrifteten, in Essig eingelegten Gemüsesalats, das sich irgendwie in einen Lebensmittelladen in der Mongolei verirrt hat. Globalisierung lässt grüßen. Beim späteren Recherchieren erfahren wir allerdings, dass es in der Mongolei nur sehr wenig fruchtbares Land gibt und rund ein Drittel der Menschen von Viehzucht und noch immer als Halb- oder Vollnomaden leben. Auf einem Gemüsemarkt finden wir dann auch endlich Zwiebeln. Mehrere Gemüseverkäuferinnen stehen sich hier gegenüber und signalisieren uns mit einladenden Gesten, doch bei ihnen und nicht bei den anderen einzukaufen. Wir brauchen doch bloß ein paar Zwiebeln, Karotten und Früchte, denken wir und kaufen bei der erstbesten Anbieterin ein. Uns scheint, dass die Frauen von unserem mickrigen Einkauf etwas enttäuscht sind, als wir den Markt alsbald wieder verlassen und uns auf in Richtung Jugendherberge machen. Auf dem Rückweg fallen uns noch einige andere Tourigruppen auf, und wir werden auch nicht mehr so häufig angeschaut. Die Menschen in Ulaanbaatar scheinen Tourismus gewöhnt zu sein.

Zurück in der Jugendherberge treffen wir auf Maria. Sie ist die Geschäftsführerin und gerade von einer Führung aus dem Umland zurückgekehrt. Sie begrüßt uns herzlich und nimmt uns zur Seite, um zu erzählen, was man in Ulaanbaatar alles so machen kann. Leider sind wir kurz vor dem jährlichen nationalen Naadam-Fest angekommen und bleiben nicht lange genug, um es zu erleben. Der volle Name lautet »Eriin Gurwan Naadam«, was so viel heißt wie »die drei männlichen Spiele«. Naadam ist das Nationalfest der Mongolei, das bereits jahrhundertealt ist und so nur in Ulaanbaatar stattfindet. Kleinere Feste werden auch verstreut in der Mongolei im Juli und August abgehalten. Auf dem Naadam messen sich traditionell die Männer im Ringen, Bogenschießen und beim Pferderennen. Seit Kurzem nehmen, außer beim Ringen, auch Frauen teil. Am dritten Tag finden viel Vergnügung und Feste statt. Wir saugen all die Informationen gespannt auf und sind froh, dass das Fest nicht mehr ganz so traditionell und konservativ ist und nun auch Frauen mitwirken können. Nach all den Erzählungen über die Nomadenkultur bedauern wir es, dass wir nicht noch länger in der Mongolei bleiben und aus der Stadt herauskommen können. Maria empfiehlt uns viele kleine Dinge, die man in Ulaanbaatar besichtigen kann, und so machen sich Giulia und unsere neu gewonnene Freundin Shang-Hu auf zu einer mongolischen Gesangs- und Tanzvorführung, die gleich um die Ecke wohl jeden Abend stattfindet. Lorenz und Miro kommen mit, allerdings knurrt ihnen bald der Magen, und so verabschieden sie sich, um etwas zu essen zu suchen. Leider finden sie auf Anhieb nichts Vegetarisches, geschweige denn Veganes. So treffen wir uns alle vier bald darauf wieder in der Jugendherberge und suchen uns ein lokales Restaurant, wo für jeden etwas dabei ist. Shang-Hu und Giulia erzählen begeistert von der Gesangs- und Tanzvorführung. Die Sänger konnten mit einer hohen und einer tiefen Stimme gleichzeitig singen. Wobei Singen vielleicht das falsche Wort ist, es hörte sich teilweise eher wie ein Pfeifen oder Gurgeln an, auf jeden Fall schwierig zu beschreiben. Das Ganze ist eine traditionell mongolische Gesangstechnik, die als Obertongesang auch in weiteren zentralasiatischen Ländern verbreitet ist.

Die restlichen vier Tage in Ulaanbaatar vergehen wie im Fluge. Giulia bleibt die meiste Zeit ans Bett gefesselt, da sie bald merkt, dass das viele Herumlaufen am ersten Tag ihre Ohrenschmerzen verschlimmert hat. Mit der Bettruhe wird es allerdings von Tag zu Tag besser, was uns alle erleichtert. Shang-Hu, Miro und Lorenz machen sich in der Zwischenzeit auf den Weg, um Ulaanbaatar weiter zu erkunden. Miro hat die Idee, Fahrräder auszuleihen und damit dann doch noch so weit wie möglich der Stadt zu entfliehen. Am Stadtrand soll es eine Art Planetarium geben, von wo aus man eine sehr schöne Aussicht über die Gegend hat. Also machen wir uns vertraut mit den Karten und suchen den Weg zum Fahrradverleih. Kurz darauf sitzen wir auch schon im Bus und freuen uns auf die etwas andere Perspektive auf die Stadt und Umgebung. Nach einer Odyssee durch Plattenbauten, umringt von vielen Autos, kommen wir schließlich bei dem Verleih an. Die Fahrräder sind brandneu und von sehr guter Qualität – es scheint ein neuer Laden zu sein. Ausgestattet mit Rad und Helm, machen wir uns sogleich auf den Weg in Richtung Stadtrand. Wir merken allerdings schnell, dass wir so ziemlich die einzigen Radfahrer sind. Fahrradwege gibt es keine, und so müssen wir uns entweder zwischen all den Autos oder zwischen den Menschen auf dem Gehweg durchschlängeln.

»Wie wären Städte nur ohne Autos?«, fragt sich Lorenz laut, als wir gerade an einer Ampel warten, hinter uns ein Hupkonzert von ungeduldigen Autofahrern, die vorwärtskommen wollen. »Stellt euch das mal vor! Keine Abgase, kein Lärm, keine Verkehrstoten, viel mehr Platz für Gärten, Alleen und menschliche Begegnungen.«

»Aber dann würde das Pendeln zur Arbeit für viele Menschen deutlich schwerer werden«, erwidert Miro. »Und was passiert mit all dem Lieferverkehr für die Unternehmen, mit Lkw und Transportern? Man müsste schon viel mehr als nur einzelne Aspekte des derzeitigen Systems verändern. Aber klar, Städte wären deutlich lebenswertere und freundlichere Orte ...«

Bald darauf überqueren wir den Tuul-Gol-Fluss und bemerken, dass jeglicher Fußweg neben der Straße aufhört und diese als viel befahrene Landstraße fortgeführt wird. Uns ist etwas mulmig bei dem Gedanken, neben all den schnell fahrenden Metallkisten dahinzuradeln, daher biegen wir links ab und finden einen schmalen Wanderpfad entlang des Flusses. So entfliehen wir den Autos für eine Weile und erleben die wunderschöne Natur, die so nah an der Straße das Ufer des Flusses begrünt.

Leider findet auch dieser Pfad schnell ein Ende, und nach mehrmaligen Versuchen, doch noch irgendwie am Fluss entlangzufahren, sind wir gezwungen, auf die Landstraße zu wechseln. Dort geht es dann aber schneller voran, weil wir einen Anreiz haben, möglichst bald von der Straße wegzukommen. Daher dauert es nicht lange, bis wir endlich abbiegen können und einen steinigen Pfad zum Planetarium einschlagen. Nach einigem Gekeuche und Geschwitze sind wir oben angekommen. Hier erschließt sich uns eine wunderbare Aussicht über Ulaanbaatar und Umgebung. Ringsum sind Steine zu kleineren Haufen aufgeschichtet, und wir vermuten eine traditionelle Grab- oder Gebetsstätte. Zwischen den Steinen schauen Stofffetzen hindurch, sodass sie uns an eine Art Altar erinnern.

Die Aussicht ist wirklich atemberaubend. Um Ulaanbaatar herum können wir viele Jurtensiedlungen erkennen, dahinter erstrecken sich die Hügellandschaften der Mongolei.

Am vorletzten Tag geht es Giulia wieder gut, sodass wir uns gemeinsam zum großen Gandan-Kloster und danach ins Nationalmuseum aufmachen. Als wir die Jugendherberge verlassen, ist es bereits brütend heiß, und wir beeilen uns, zum Kloster zu kommen. Das Gandan-Kloster ist rund dreihundert Jahre alt und das bedeutendste buddhistische Kloster in Ulaanbaatar. Etwa vierundfünfzig Prozent der mongolischen Bevölkerung gehören dem buddhistischen Glauben an. Dort angekommen, bestaunen wir die sechsundzwanzig Meter hohe Statue des Bodhisattva Janraisig, die als Verkörperung allen Mitgefühls aller Buddhas aller Zeiten gilt. Während der Periode der stalinistischen Säuberungen in der Mongolei nach 1937 wurde die Statue eingeschmolzen und erst 1996 wiederaufgebaut. Wir sehen uns auch die anderen, schön hergerichteten Klosteranlagen sowie eine offene Jurte an. Besonders gelegen kommt uns die Eisbude, an der wir die Auswirkungen der Hitze für einen Moment genussvoll lindern können.

Nach diesem kurzen Exkurs in den Buddhismus spazieren wir zurück in Richtung Stadtzentrum, um uns im Nationalmuseum umzuschauen. Dort begegnen wir nicht nur der realsozialistischen Parteiendiktatur und dem darauffolgenden Übergang zum westlich-demokratischen Kapitalismus in der Mongolei, sondern auch der reichen Geschichte des Landes, angefangen bei den ersten Spuren der Menschen hier vor mehreren Zehntausend Jahren bis hin zu Dschingis Khans Großreich im dreizehnten Jahrhundert.

Nach dieser Informationsflut ziehen wir uns in eines der

unerwartet zahlreichen und günstigen veganen Restaurants in Ulaanbaatar zurück, wo wir unseren letzten Abend zu dritt ausklingen lassen. Denn am nächsten Tag geht es für uns zwei direkt nach China, während Miro noch zwei Wochen in der Mongolei bleibt, das Nadaam-Fest miterleben wird und noch deutlich weiter aus der Stadt herauskommt, als es uns beiden möglich war. Auf seinem Nachhauseweg wird er nach einem Abstecher nach China mit Zug und Bus quer durch Zentralasien reisen.

Am nächsten Morgen ist der Moment der Verabschiedung gekommen. Wir umarmen uns herzlich und wünschen uns eine sichere und angenehme Reise. Wir sind ein bisschen traurig, denn wir werden Miro sehr wahrscheinlich erst in mehr als einem Jahr wiedersehen. Auch von Shang-Hu verabschieden wir uns herzlich. Sie hat uns je einen kleinen Brief geschrieben und schenkt uns noch zwei Lesezeichen in Form von südkoreanischen Tempeln sowie südkoreanische Süßigkeiten, die wir dankend annehmen. Wieder mal schauen wir leicht betreten drein, da wir selbst keinerlei Andenken zum Verschenken mitgenommen haben. Sie nimmt es uns zum Glück nicht übel.

Dann geht es für uns beide auch schon wieder an den Bahnhof und in den Zug in Richtung China. Sobald wir in unserem Abteil angekommen sind, machen wir es uns wie gewohnt gemütlich. Rund vierundzwanzig Stunden soll die Fahrt dauern, mittlerweile ein Klacks für uns. Wir sitzen allein im Zweite-Klasse-Abteil mit zwei weiteren freien Plätzen und blicken aus dem Fenster. Nachdem einige Pferdeherden vorbeigezogen sind, dauert es nicht lange, da fahren wir bereits durch die Wüste Gobi und bestaunen die endlose Weite.

Wir trauen unseren Augen kaum, als wir sogar ein Kamel sehen. Dieses Erlebnis freut uns beide sehr, und die positive Stimmung hält noch lange an. Was uns allerdings bald darauf auffällt, ist, dass selbst hier draußen, inmitten der Wüste, überall am Bahnzaun Plastikmüll verteilt liegt. Wir fragen uns wirklich, woher dieser Müll denn kommen könnte. Vermutlich wurde er aus nahe gelegenen Siedlungen herausgeweht, von umherziehenden Menschen liegen gelassen oder aus den Zügen geworfen. Diese Erfahrung macht uns nachdenklich, und wir fragen uns, welchen Weg unsere derzeitigen Gesellschaften nehmen.

Die traute Zweisamkeit in unserem Abteil ist nicht von langer Dauer. Wieder ist es Giulia, die im Gang jemanden kennenlernt: Tian, einen Singapurer mit chinesischen Wurzeln. Er ist von Singapur nach Europa geflogen und durch Europa und weiter nach Asien mit Zug und Bus unterwegs. Mit ihm entwickeln sich interessante Gespräche über seine Reise und Singapur. Wir reden über die dortige strenge Wasserpolitik (Singapur ist in der Wasserversorgung stark von Importen aus Malaysia abhängig und investiert daher massiv in Wasserentsalzungsprojekte) und die in Singapur übliche zweijährige Wehrpflicht, die Tian befürwortet. Es sei schließlich wichtig, dass jeder etwas für sein Land leiste und Disziplin erlerne. Wir beide sind da sehr skeptisch, wird einem doch im militärischen Gefüge das kritische Denken und Hinterfragen der Autoritäten so weit wie möglich abtrainiert. Und sowieso sehen wir Nationalstolz und Patriotismus kritisch, kein Wunder bei der deutschen Geschichte. Wir stimmen also überein, nicht übereinzustimmen, und wechseln das Thema zum gemeinsamen Ziel der Reise: China. Tian spricht sowohl Englisch als auch Chinesisch fließend, da beide Amtssprachen sind. Wir zeigen ihm daraufhin unsere Kärtchen, die eine chinesische Freundin in Zürich für uns vorbereitet hat und auf denen Wörter wie »Reis«, »vegetarisch« und »Gemüse« stehen.

»Ahhh, die Schrift sieht aber nicht so schön aus!«, ruft Tian aus, nimmt einen Stift hervor und zeichnet die Schriftzeichen noch einmal in weniger schwungvollen, deutlicheren Strichen nach. Dazu erklärt er uns, wie sich ein chinesisches Schriftzeichen eigentlich zusammensetzt. Wir staunen nicht schlecht, dass sich die Bedeutung eines Zeichens aus verschiedenen Teilelementen zusammensetzt, welche wieder eigene Bedeutungen haben und erst in ihrer Verbindung die spezifische Bedeutung des Zeichens ergeben. Wir sind fasziniert. Diese Komplexität und Schwierigkeit der Schrift machen uns ein wenig sprachlos, ein Gefühl, das in China zu unserem treuen Begleiter werden soll. Für uns ist es auch eine Riesenhilfe, dass Tian zwischen Englisch und Chinesisch übersetzen kann, denn als es Abend wird und wir uns langsam der Grenze nähern, müssen wir bereits ein Einreiseformular ausfüllen, das komplett auf Chinesisch verfasst ist. Da haben wir noch mal Glück gehabt. Nach Mitternacht erreichen wir die chinesische Grenze. Die Lichter im Zug werden wieder angeschaltet, wir müssen unser Handgepäck nehmen – der Rest wird im Zug kontrolliert – und wie alle Passagiere den Zug verlassen. Draußen regnet es in Strömen. Wir werden in ein nahe stehendes Gebäude geleitet. Dort erwartet uns das volle Programm: Fingerscans, Gesichtsscans, Gepäckdurchleuchtung und so weiter. Die ganze Prozedur geht unheimlich effizient und schnell vonstatten. Wir müssen zwei Stunden warten, bis alle Passagiere kontrolliert wurden und der Zug durchsucht ist. Erst dann dürfen wir wieder in unsere Abteile gehen. Es ist mittlerweile gegen drei Uhr nachts, und wir alle legen uns nochmals schlafen. Bald darauf wachen wir auf und sind in China angekommen. Draußen ist alles in weißen Dunst gehüllt, in sattem Grün bewachsene Hügelketten ziehen an uns vorbei, allerdings scheint die Natur sehr kontrolliert zu sein – wir sehen viele Reisfelder, Waldplantagen, riesige Straßen mit Unmengen von Autos. Wir beide kleben quasi nur so am Fenster und saugen alles in uns auf. Nicht mehr lange, und schon machen sich die Ausläufer von Beijing bemerkbar, unserer ersten Station in China.

Infobox 3: Wie groß ist die No-Fly-Bewegung?

Wenn man sich die Statistiken ansieht, kann man schnell den Eindruck gewinnen, dass man sich alleine Gedanken um den ausufernden Flugverkehr macht. Allein in Deutschland sind die Passagierzahlen zwischen 2004 und 2018 um 63 Prozent angewachsen. Außer im Jahr der letzten Finanzkrise 2008 sind die Passagierzahlen von Jahr zu Jahr gestiegen.[139] Global sieht es ähnlich aus – es sind derzeitig 423 zusätzliche Flughäfen geplant (58 in Europa)[140], und die globale Passagierzahl hat sich seit 2004 mehr als verdoppelt.[141] Allerdings formiert sich ebenso eine globale Gegenbewegung, die in den letzten Jahren gewachsen ist und die nicht nur versucht, direkt die Passagierzahlen zu senken, sondern ebenso Flughäfenaus- oder -neubau zu verhindern, zu einem Kulturwandel weg vom Fliegen beizutragen und politische Maßnahmen, wie Vielfliegersteuern (eine Steuer, die proportional zur Zahl der Flüge einer Person ansteigt), zu erstreiten. So gibt es einige Initiativen/Bewegungen/Personen, die wichtig zu nennen sind:

1 Stay Grounded

Stay Grounded ist ein internationales Netzwerk, bestehend aus 120 Initiativen und vielen Menschen, die sich einer enkeltauglichen Form der Mobilität verschrieben haben, sei es durch Widerstand gegen lokale Flughafen- oder »Kompensations«-Projekte, Engagement in Gewerkschaften, NGOs oder Universitäten oder für mehr und bessere Nacht- und Zugverbindungen.[142] Im Jahr 2019 organisierten sie eine Konferenz in Barcelona zum Thema »Degrowth of Aviation«, an der rund 200 Teilnehmende über konkrete Maßnahmen diskutierten, wie der globale Flugverkehr und die durch ihn verursachten Schäden schrumpfen könnten.[143] Sie halten auch globale Aktionswochen ab, um auf das Thema aufmerksam zu machen. Eine weitere Initiative ist eine Petition für die Einführung einer EU-weiten Kerosinsteuer.[144] Eine Art Ableger der Gruppierung ist in Deutschland die Initiative »Am Boden bleiben«.[145]

2 FlightFree & Flugstreik

Diese beiden Projekte versuchen direkt Menschen zum Weniger-Fliegen zu inspirieren. Zwei Schwedinnen gründeten die Initiative FlightFree im Jahr 2018 und fragten Familie, Freunde, Bekannte und Fremde, ob sie sich gegenseitig versprechen würden, ein Jahr lang nicht mehr zu fliegen, sollte eine bestimmte Anzahl an Teilnehmenden überschritten werden. Für 2019 (»FlightFree 2019«) haben bereits 10 000 Menschen zugesagt.[146] Die Initiative ist derzeit aktiv in Schweden, Dänemark, Deutschland, Belgien, Frankreich, Kanada und Großbritannien und zielt darauf ab, in jedem dieser Länder für 2020 100 000 Menschen für das »Am-Boden-Bleiben« zu gewinnen.[147] Eine ähnliche Initiative in der Schweiz ist der sogenannte Flugstreik. Initiiert wurde dieser vom Klimastreik Schweiz sowie Extinction Rebellion Schweiz. Der Flugstreik zählt momentan etwa 2000 Individuen.[148]

Noflyclimatesci.org & die Petition »Weniger fliegen an Universitäten«

Die ETH Zürich fand bei einer Untersuchung heraus, dass 2016 gut 60 Prozent der kompletten CO_2-Emissionen der Hochschule durch die Dienstreisen der Angestellten verursacht wurden[149] – höchstwahrscheinlich keine Seltenheit im Wissenschaftsbetrieb.[150] Die Initiativen Noflyclimatesci.org sowie die Petition »Weniger fliegen an Universitäten« fokussieren sich auf die Reduktion dieses enorm hohen Flugverhaltens im derzeitigen Universitätsalltag. So sammelt Noflyclimatesci.org Biografien von Wissenschaftlerinnen und Wissenschaftlern, aber auch von Personen des öffentlichen Lebens, die entweder ganz auf das Flugzeug verzichten oder das Fliegen stark eingeschränkt haben. Zum Zeitpunkt des Schreibens haben sich hierfür 458 Menschen angemeldet.[151] Darunter finden sich hochspannende und berührende Geschichten.

In eine ähnliche Richtung geht die Petition »Weniger fliegen an Universitäten«, die Universitäten dazu aufruft, Ziele, Maßnahmen und Indikatoren zur Reduktion der Flugemissionen zu implementieren sowie über deren Wirksamkeit Rechenschaft abzulegen. Unterschrieben haben bereits rund 2300 Menschen.

4 Einzelpersonen

Zu guter Letzt gibt es natürlich noch bestimmte Einzelpersonen, die allein durch ihr konsequentes Verhalten viele Leute inspiriert haben, weniger zu fliegen. Allen voran ist hier Greta Thunberg zu nennen, die mit ihrer Segelreise in die USA große Aufmerksamkeit auf die Flugproblematik lenken konnte, aber gleichzeitig auch die Schwierigkeiten aufzeigt, die man heute für eine CO_2-arme Fernreise überwinden muss. Ihre Europareisen im Zug zeigen jedoch auch, dass es in näherer Umgebung vergleichsweise einfach ist, auf das Flugzeug zu verzichten. Weitere inspirierende Personen und deren Geschichten, wie die der Klimawissenschaftler Peter Kalmus und Kim Cobb,[152] sind im Literaturverzeichnis zu finden.

Natürlich sind all diese Initiativen klein, verglichen mit den anfangs genannten massiven Steigerungen in den Flugzahlen. Allerdings mehren sich die Hinweise, dass bereits dieses Engagement zu einer signifikanten Senkung der Flugzahlen in Schweden beigetragen hat.[153]

7 Welcome to China

Bewacht von Tausenden Kameras und erkannt von Gesichtserkennungssoftware, weiß der chinesische Staat wohl immer, wo wir uns gerade befinden. Eingestiegen bei der Metrostation Dongsishitiao, ausgestiegen bei Yonghegong. Zum Lama-Tempel spaziert, dann durch ein Beijing-Joghurt gestärkt, schlendernd durch die Hutongs. Eine Packung salzige Chips vom Tante-Emma-Laden XY, zwei Pfirsiche vom Tante-Emma-Laden XZ, Ankunft beim Tian'anmen-Platz. Erfolgreicher Security-Check sowie Passkontrolle, dann ein paar Fotos mit Chinesinnen und Chinesen. Schließlich stehen wir im Nationalmuseum in Beijing. Nachdem unsere Pässe nochmals kontrolliert, unsere Taschen und Körper durchleuchtet und wir von oben bis unten abgetastet wurden, sagt die Mitarbeiterin des Nationalmuseums mit einem Lächeln: »*Welcome to China.*«

Glücklicherweise empfinden wir diese Bewachung wohl als furchteinflößender als der Staat uns beide. Dennoch ist uns bei dem Ganzen sehr unwohl. Solch eine Rundumüberwachung haben wir, zumindest derart offensichtlich, noch nie erlebt. Vor dem Hintergrund, dass der chinesische Staat kurzen Prozess mit jeglicher politischen Opposition macht, Menschen einfach verschwinden, unter Hausarrest gestellt, sozial isoliert und mundtot gemacht werden oder Minderheiten wie die Uiguren millionenfach in Lagern interniert und »umerzogen« werden, kriegt man es mit der Angst zu tun. Dazu kommt noch, dass China so intensiv wie kaum ein anderer Staat auf digitale Überwachung setzt. Mit unserem Universitäts-VPN, das uns die Möglichkeit gibt, in China geblockte Internetseiten aufzurufen, lesen wir viel über das geplante Sozial-Kreditpunkte-System, das derzeit in vielen Städten Chinas erprobt wird. »Gute« Bürgerinnen und Bürger erhalten hierbei Punkte, während für »Fehler«, wie etwa bei einer roten Ampel über die Straße zu gehen oder sich kritisch gegenüber dem Regime zu äußern, Punkte abgezogen werden. Es steht zu vermuten, dass dieses System vieles beeinflussen könnte: den Zugang zu Zug- und Flugtickets, Kreditwürdigkeit, Qualität der Krankenversicherung, Internetgeschwindigkeit und auch soziale Anerkennung. Für uns ist das eine echte Albtraumvorstellung, auch wenn noch unklar ist, in welchem Ausmaß das Ganze ab 2020 letztendlich durchgesetzt werden wird. Was könnte als auffällig angesehen werden? Was darf man sagen, was nicht?, fragen wir uns unwillkürlich.

»Irgendwie spürt man, dass man sich unterbewusst gleich ganz anders verhält«, meint Giulia, und Lorenz stimmt ihr zu.

Der Staat ist hier gefühlt überall, sieht alles, hört alles, weiß alles. Als wir durch das Nationalmuseum laufen, fällt uns sofort auf, dass die Geschichte Chinas wie ein einziger ansteigender Pfad des Fortschritts dargestellt wird: früher wenig, heute ein massives Wirtschaftswachstum, früher wenig Jobs, heute viele. Wir finden keine kritischen Beiträge zur Geschichte des Landes. Vielleicht liegt das aber auch daran, dass wir nicht alles genau anschauen können, weil das Museum bereits drei Stunden nach unserer Ankunft schließt.

Es ist früher Abend, also spazieren wir noch ein wenig durch die Gassen von Beijing. Plötzlich hören wir Musik. »Komm, lass uns hingehen und gucken, was da los ist«, schlägt Lorenz vor. Wir bewegen uns der Musik entgegen und entdecken einen kleinen Park. Zahlreiche Menschen haben sich hier versammelt, ausgerüstet mit großen Verstärkern. Zu Hintergrundmusik singen sie lautstark in Mikrofone und tanzen in Paaren.

»Wow, die haben es ja echt drauf!« Giulia, die liebend gerne tanzt, ist begeistert.

»Und, wollen wir mal sehen, was uns von unserem Tanzkurs noch im Gedächtnis geblieben ist?«, fordert Lorenz Giulia – sehr romantisch – zum Tanz auf. Wir halten uns ein wenig am Rande und versuchen, nicht aufzufallen. Gar nicht so leicht, wie wir bald feststellen.

Unser Aussehen hat sowieso schon viel Aufmerksamkeit auf sich gezogen. Ständig werden wir gefragt, ob wir irgendwelche Fotos mit anderen Menschen machen wollen. Wir fühlen uns ein wenig seltsam dabei, gleichzeitig wollen wir auch niemandem die Fotos verweigern, und so entwickeln wir eine Strategie: Immer, wenn wir nach einem Bild gefragt werden, fragen wir zurück, ob wir auch eines bekommen. So fühlen wir uns nicht länger wie unfreiwillige VIPs, und die ganzen Schnappschüsse sind auch ein schönes Andenken für uns. In einem Buchladen verstärkt sich das VIP-Gefühl, als ein Jugendlicher Lorenz fragt, ob er Ed Sheeran sei. Lorenz lacht, er hört es nicht zum ersten Mal, dass er dem britischen Sänger ähnlich sehe. Als er die Frage verneint, glaubt der Jugendliche das kaum und fragt zur Sicherheit noch mal nach, ob Lorenz singen könne. Irgendwann scheint er dann doch einzusehen, dass Lorenz kein weltberühmter Sänger ist, posieren für ein Foto durfte er dennoch. Und wer weiß, vielleicht hat es Lorenz ja trotz fehlender Musikerkarriere in die »WeChat«-Moments des Jungen geschafft.

100, 101, 102 ... 537, 538 ... 1243, 1244 ... Noch nie in unserem Leben haben wir so viele Treppenstufen gesehen. Wir laufen stundenlang, Stufe um Stufe, und es scheint, als ob es nie enden würde. Teilweise sind die Stufen so steil, dass es sich eher anfühlt, als würden wir eine Wand hochklettern. Noch dazu ist es glühend heiß, der Schweiß rinnt in Strömen. Gut, dass wir unsere Wanderschuhe angezogen haben. Am höchsten Punkt angekommen, drehen wir uns langsam um, ein warmer Wind wirbelt das Haar durcheinander. Unter uns erstrecken sich in Schlangenlinien die soeben erklommenen Treppenstufen durch die hügelige, von Nebel bedeckte Waldlandschaft. Wir sind allein mitten auf der Chinesischen Mauer. Die meisten Touris sind offenbar schon nach dem ersten Wachturm wieder umgekehrt. Wir sind sprachlos bei dem Gedanken, mit welchem Aufwand diese Mauer der Mauern wohl erbaut wurde. Um den Ausblick zu genießen, setzen wir uns hin, verschnaufen, essen etwas und denken an unsere bisherige, unglaublich spannende und vielseitige Zeit in China zurück. Wir erleben Beijing beide als eine Stadt mit vielen Gegensätzen: sehr moderne, zubetonierte Stadtteile neben alten, einfacheren Vierteln, wo die Zeit und das Leben langsamer zu laufen scheinen. Wir sehen viele fröhliche und gleichzeitig auch viele gestresste und mit Arbeit überhäufte, in ihren schwarzen Anzügen umherrennende Menschen. Wir müssen uns etwas an die hiesigen Sitten gewöhnen. Es wird beim Essen geschmatzt und gerülpst, auf der Straße auf den Boden gespuckt, und hin und wieder sehen wir Kleinkinder mit einem Loch anstatt Windeln in der Hose. Wenn es mal muss, dann geht das generell überall, auf einem schönen Platz (kein Scherz!) oder doch etwas diskreter hinter einem Baum. Öffentliche Klos gibt es trotzdem jede Menge. Das Schmatzen versuchen wir uns selbst anzugewöhnen, und schon bald macht es uns richtig Spaß, so zu essen. Mit der Zeit glauben wir sogar, dass die durch das Schmatzen erhöhte Sauerstoffzufuhr im Mund den Geschmack intensiviert. Vielleicht liegt das aber auch an dem ganzen Salz und Fett?

An die vielen Abgase können wir uns hingegen nur schwer gewöhnen. Manchmal haben wir sogar Mühe zu atmen. Uns wird aber erzählt, dass das derzeit noch gar nichts sei. Im Winter, dann sei es so richtig schlimm: Da müsse man mit Maske rumlaufen und bekäme richtig viele Pickel und Hautausschläge. Da sind wir ja noch mal gut weggekommen.

»Na, wollen wir uns mal wieder an den Abstieg machen?«, fragt Guilia nach einer ganzen Weile.

»Ach, der Ausblick ist so schön …«, meint Lorenz.

Aber langsam wird es Zeit, unser Bus fährt bald zurück in die Stadt. In der Jugendherberge haben wir ein Pärchen aus Südkorea kennengelernt, mit dem wir zur Chinesischen Mauer gefahren sind. Der Bus stellte sich als chinesischer Touribus heraus. Während der ganzen Fahrt, die etwa zwei Stunden dauerte, hat ein Reiseführer die geschichtlichen Hintergründe der Chinesischen Mauer auf Chinesisch erläutert. Das vermuten wir zumindest, verstanden haben wir ja nichts. Weil wir als Einzige nicht »asiatisch« ausgesehen haben, sind wir im Bus ziemlich aufgefallen, das ist uns nach wie vor ein bisschen unangenehm.

Wir sind um einiges schneller wieder unten, als wir hinaufgestiegen sind. Als wir in dem nachgestellten altchinesischen Dörfchen am Fuß der Mauer ankommen, entdeckt Giulia einen kleinen Pool, in den die Menschen ihre Füße halten. Verschwitzt vom vielen Laufen bei der Hitze, freuen wir uns auf die Abkühlung. Giulia zieht ihre Schuhe aus und hält die Füße ins Wasser.

»Ahhhh, das ist ja warm!«, ruft sie und verzieht das Gesicht. Lorenz kann nicht anders und lacht – so viel zum Thema Erfrischung. Wir beschließen, uns eine gekühlte Flasche Wasser zu kaufen. Gar nicht so einfach, denn in den meisten Läden kann man hier nur über eine App bezahlen, die wir natürlich nicht haben. Was wohl mit den Daten geschieht?, fragen wir uns unwillkürlich.

Als Nächstes machen wir uns auf die Suche nach unserem Bus. Obwohl wir uns diesen gut eingeprägt und auch das Autokennzeichen notiert haben, werden wir erst nach einer ganzen Weile fündig, denn er hat an einem anderen Ort geparkt. Die Rückfahrt ist um einiges ruhiger. Alle sind müde und schlafen oder sehen sich ihre Fotos von der Chinesischen Mauer an. Wir merken, dass unsere Bedürfnisse, auch wenn wir anders aussehen und unterschiedliche Sitten haben, denen von all den anderen Menschen doch gleichen.

Am nächsten Tag geht es weiter zur Hafenstadt Qingdao, unserem letzten Halt in China. Das Zugfahren hier empfinden wir als sehr strukturiert. Bevor wir im richtigen Zug stecken, werden wir mehrmals kontrolliert und durchleuchtet. Nur Fahrgäste mit einem gültigen Fahrschein gelangen überhaupt in den Bahnhof. Wir dürfen auch erst kurze Zeit vor Eintreffen des Zuges auf das Bahngleis, und dies wiederum nach wiederholter Fahrscheinkontrolle. Im Zug werden uns ständig irgendwelche Dinge zum Kaufen angeboten: Gekochtes Essen, Tee, Früchte und sogar kleine Modelleisenbahnen, die irgendwelche Töne von sich geben – hier fehlt es an nichts, außer an Freiheit vom ganzen Kommerz. Zum Glück haben wir die hilfreiche Ausrede parat, dass unsere Rucksäcke bereits am Überquellen sind und so eine chinesische Modelleisenbahn wirklich nicht reinpasst.

Die Fahrt vergeht wie im Flug. Wir schauen aus dem Fenster, der Zug fährt allerdings so schnell, dass wir von der Landschaft leider nur wenig mitbekommen.

Als wir in Qingdao aussteigen, staunen wir nicht schlecht: Der Bahnhof mit seinem steinernen Uhrenturm und dem roten Ziegeldach gibt uns für einen Moment das Gefühl, in einer europäischen Altstadt zu sein. Und das, obwohl es sich um eine chinesische Millionenmetropole handelt. Qingdao hat jedoch eine lange Vorgeschichte von deutscher Kolonialherrschaft zu Anfang des zwanzigsten Jahrhunderts, bevor es von Japan und danach von China vereinnahmt wurde.

Auf der Suche nach unserer Jugendherberge entdecken wir an vielen Ecken weitere Spuren aus dieser Zeit, so an der neuromanischen Kathedrale St. Michael, die Hochzeitspaaren als beliebte Kulisse für ihre Fotoshootings dient, und nicht zuletzt natürlich an der berühmten Tsingtao-Brauerei. Uns verschlägt es in winzige Gassen und Alleen, vorbei an unglaublich vielen Essensständen und kleinen Restaurants.

Wir bemerken schnell, dass die Leute uns hier noch häufiger als in Beijing anschauen. Doch das Wetter ist gut, und wir freuen uns, endlich am Meer angekommen zu sein.

In der Jugendherberge laden wir unsere Sachen ab und recherchieren nach vegetarischen Restaurants. Leider können wir nichts in der Nähe finden, machen uns auf den Weg und schauen, wohin es uns treibt. Es tut gut, einfach draufloszulaufen, die Stadt im Licht der untergehenden Sonne zu erleben und unser Gefühl entscheiden zu lassen, welche Richtung wir einschlagen. Bei einem kleineren Restaurant bleiben wir hängen. An der Hausfront sind Bilder von den Mahlzeiten angeschlagen – schon mal positiv. Gemüse scheint es auch zu geben, das Restaurant ist weder überfüllt noch gähnend leer, und man kann den Köchen beim Kochen zusehen. Also schauen wir rein und zeigen unsere Schriftzeichenkärtchen vor. Es folgt ein längeres Hin und Her, wir tippen auf dieses und jenes Bild, ernten Kopfschütteln und Gelächter von anderen Gästen, starten einen neuen Versuch, bis alle recht amüsiert sind und wir ein Nicken zur Antwort bekommen. Als wir das Essen vom Koch abholen, läuft uns das Wasser im Mund zusammen: Es gibt Reis mit speziell angebratenem Gemüse, eine Art Mapo-Tofu und in Essig und Öl gebratene Julienne-Kartoffeln. Wir lächeln der Kellnerin fröhlich zu und bezahlen am Ende gerade mal vier Euro für alles.

Am nächsten Tag spazieren wir in der Innenstadt umher. Qingdao ist nicht nur wegen des Bieres bekannt, sondern auch aufgrund der Meeresfrüchte und Meeresfische, die hier überall angeboten werden. Es heißt, dass es in der Stadt alles gebe, was aus dem Meer stamme. Wenn die Entwicklung allerdings so weitergeht, wird es diese Lebewesen bald weder im Meer noch als Schmaus an Land geben. In den Restaurants können die Gäste ein lebendiges Tier wählen, das gemeinsam mit anderen Leidensgenossen in einem überfüllten Becken vor sich hin vegetiert, anschließend getötet und frisch gekocht wird. Ganz ehrlich: Wir sind schockiert! Von Tierschutz kann hier keine Rede sein. Dass das nicht die Gäste verscheucht, sondern eher anlockt, können wir kaum glauben.

Später an der Strandpromenade laufen uns viele Menschen mit einer Kokosnuss in der Hand entgegen. Die wollen wir viel eher ausprobieren. Beim nächsten Stand wählen wir eine Kokosnuss aus, in die ein Loch gebohrt und ein doofer Plastikstrohhalm gesteckt wird. Wir trinken das frische Kokosnusswasser und sind nur mäßig begeistert von dem Geschmack. Vielleicht hatten wir einfach zu hohe Erwartungen.

Wegen einer Wegsperrung können wir leider nicht zum Leuchtturm spazieren. Stattdessen gehen wir in einen nahe gelegenen Park. Wieder ertönt Musik, und wir nähern uns einer Sängerin, die von einem Geiger begleitet wird. Ganz in der Nähe legen wir uns unter einen Baum, blicken hinauf in die Baumkrone, lauschen der Musik und dem leisen Rauschen der Blätter im Wind – einfach nur wunderschön. Irgendwann haben wir uns genug ausgeruht und entdecken eine Turnstange. Lorenz entscheidet sich, dort ein paar Klimmzüge zu machen. Sport kam bisher auf der Reise leider zu kurz. Bald schon versammelt sich eine Gruppe von Menschen um uns. Sie geben faszinierte »Ohs« und »Ahs« von sich, als sich Lorenz mit zehn Klimmzügen durchkämpft. Früher waren es mal mehr, aber die Zuschauer im Park sind trotzdem total begeistert und Lorenz etwas verlegen. Auf dem Rückweg in die Jugendherberge werden wir hungrig und gehen in ein zufällig ausgewähltes, kleines Lokal. Ein Junge im Alter von etwa drei Jahren spielt davor mit leeren Kartonschachteln. Wir zeigen dem Wirt unser Kärtchen, auf dem steht, dass wir gerne etwas Vegetarisches hätten. »Ahh«, er nickt. Kurz geht er in die Küche und zieht sich eine Schürze um. Dann winkt er uns zu sich, führt uns zum Kühlschrank und deutet auf verschiedene Lebensmittel. Die Verständigung läuft über Handzeichen: Daumen hoch für Ja oder beide Hände überkreuzt für Nein. Bald schon steht ein leckerer Zucchinieintopf vor uns, dazu gibt's natürlich Reis.

»Wir müssen heute unbedingt noch den Hafenagenten anrufen oder ihm eine Mail schreiben«, sagt Lorenz. Unsere Einschiffung naht, doch die Details müssen noch geklärt werden. Wir wissen weder, wo genau wir hinmüssen, noch um welche Uhrzeit. Wir wissen nur, dass es in drei Tagen so weit sein sollte. Für den nächsten Tag haben wir eine Wanderung im Laoshangebirge geplant und anschließend einen etwas ruhigeren Vorbereitungstag, an dem Giulia noch eine weitere Arbeit für ihr Studium zu schreiben und abzugeben hat.

Leider sind wir bei der Kontaktaufnahme mit dem Hafenagenten nicht erfolgreich, was uns etwas beunruhigt. Dennoch lassen wir uns nicht von unseren Wanderplänen abhalten und fahren mit einem öffentlichen Bus zum Laoshangebirge. An der Endhaltestelle werden wir auf einer Tafel auf Chinesisch und Englisch willkommen geheißen. Das Gebirge ist bekannt als eine der Geburtsstätten des Taoismus, einer chinesischen Philosophie, die auch als Religion angesehen wird. Unter sengender Hitze und sehr hoher Luftfeuchtigkeit steigen wir wieder einmal Hunderte von Treppenstufen hoch. Nach kurzer Zeit sind wir schweißgebadet und tauschen in Solidarität mit den uns begleitenden chinesischen Touris viel Lächeln und Gesten aus. Die uns umgebende Natur mit ihrem dichten Grün in den vielfältigsten Tönen sowie mit den von der Witterung abgerundeten Felsspitzen ist jedoch all die Mühe wert. Plötzlich wird diese Idylle durchbrochen, denn eines unserer Handys klingelt: Es ist der Hafenagent. Wir sollen schon morgen, einen Tag früher als geplant, einschiffen. Er gibt uns den genauen Ort sowie die Uhrzeit an. Perplex sehen wir uns an – auweia, das wird nun ganz schön stressig! Vor allem für Giulia bedeutet dies eine Nachtschicht für die Uni. Danach aber, sagen wir uns, werden wir erst mal für zwei Wochen Ruhe haben – ohne Internet, Netz und Verpflichtungen.

Jetzt genießen wir erst mal den wunderschönen Ausblick vom Gipfel des Laoshangebirges. Eine Wolkenbank verdeckt das Meer und lässt uns die blaue Weite nur erahnen. Es ist ein gutes Gefühl zu wissen, dass wir in der kommenden Zeit das Meer ausreichend bewundern können. Wie es doch die Kontinente trennt und verbindet.

8 Gefangen auf dem weiten Meer

Mit der hilfsbereiten Rezeptionistin und unseren Rucksäcken stehen wir zu dritt an der Straße vor unserer Jugendherberge in Qingdao. Es ist noch früh am Morgen, doch wir müssen zum Hafen, wo unser Schiff auslaufen soll. Nach langer Recherche und vielem Rumgefrage ist klar: Es gibt nur einen Weg für uns zum Hafen, und der ist mit einem Taxi. Gerade hält eines vor uns an. Das Fenster wird heruntergelassen, und der Fahrer beugt sich heraus. Die Rezeptionistin erklärt ihm auf Chinesisch, wohin wir wollen. Als er das Ziel hört, schüttelt er nur den Kopf, schließt das Fenster und fährt weiter. Auch beim nächsten und dem übernächsten Taxi haben wir kein Glück. Wir werden langsam nervös. Anscheinend möchte uns niemand so weit hinausfahren. Dann, beim x-ten Versuch, wendet sich die Rezeptionistin an uns und meint: »Er würde euch fahren, wenn ihr ihm die Gebühr für den Tunnel hin und zurück bezahlt.«

Der Hafen befindet sich auf der anderen Seite der Jiaozuo-Bucht. Es gibt drei Möglichkeiten, dorthin zu gelangen: über das Inland in einem großen Bogen um die Bucht herum, durch den Unterwassertunnel oder über die riesige Brücke. Der Tunnel, die kürzeste Alternative, kostet allerdings Gebühren. Wir stimmen dem Angebot zu, setzen uns ins Taxi und wollen uns anschnallen, doch Gurte gibt es keine.

Fünfundvierzig Minuten später stehen wir vor einem grauen Block, hinter dem sich die Container nur so türmen. Scheint, als wären wir hier richtig. Wir geben per Telefon Bescheid, dass wir da sind, und setzen uns ins Büro der Hafenimmigrationsbehörde. Ab nun heißt es warten. Zwischendurch kommt ein Mann vorbei und meint, wir müssten uns noch ein paar Stunden gedulden – das Schiff hat anscheinend Verspätung. Er macht mit seinem Smartphone ein Foto von uns, das wird er seinem Kollegen schicken, damit dieser weiß, wen er später mitnehmen muss. Wir nicken bloß, den Überblick über den genauen Ablauf bis zu unserer Einschiffung haben wir schon lange verloren.

Einige Stunden später müssen wir irgendwelche uns unverständlichen chinesischen Papiere ausfüllen und unterschreiben. Wieder ein paar Stunden später kommt ein anderer Mann und bedeutet uns, in sein Auto zu steigen. Wer genau der Fahrer ist, wissen wir nicht. Vielleicht der Kollege des Mannes, der uns fotografiert hat? Wir versuchen ihn zu fragen, aber die Sprachbarriere ist wieder einmal zu groß. Uns bleibt nichts anderes übrig, als zu vertrauen. Auf der Rückbank eines geräumigen Transporters fahren wir durch endlose Containerlandschaften. Einmal halten wir noch an und müssen unsere Rucksäcke in ein kleines Häuschen tragen, wo sie geöffnet und durchsucht werden. Dann geht es wieder ins Auto und weiter durch die Containerwüste. Schließlich stoppt der Wagen, der Fahrer zeigt auf ein riesiges Schiff, das gerade von gigantischen Kränen beladen wird, sagt etwas Unverständliches und fordert uns mit einer Geste auf, die Helme anzuziehen. Es gibt aber nur einen, und diesen bekommt Giulia. Kaum sind wir ausgestiegen, düst er auch schon davon. Nun stehen wir hier und fühlen uns in Anbetracht der uns umgebenden Riesenhaftigkeit klein und verloren. Alles um uns herum piept und blinkt, Menschen sieht man kaum. Wir schauen uns um und laufen langsam neben den monströsen Stahlkonstruktionen der Hafenkräne über die weite Asphaltfläche, wo die Container-Lkw fahren. Dann stehen wir direkt vor dem Frachtschiff, wie eine Hauswand ragt seine stählerne blaue Außenhaut über die Betonkante des Hafens. Zögerlich steigen wir die steile Schiffstreppe hinauf. Was uns da oben wohl erwartet? Wir halten kurz inne und blicken in die Tiefe. Schnell durchatmen, und weiter geht's.

Oben begrüßt uns ein philippinischer Matrose mit einem breiten Grinsen: »*Welcome on board!*« Er heißt Toni, mit ihm werden wir in den kommenden Wochen noch viel Zeit verbringen. Als Erstes bemerken wir den ganz eigentümlichen Geruch an Bord, eine Mischung aus Benzin und Metall. Wir unterschreiben im Bord-Logbuch, dass wir wohlbehalten angekommen sind. Gleich darauf führt Toni uns ins Innere des Schiffs und weiter in das Büro, in dem Drucke von Walen und Weltkarten an den Wänden hängen. Von hier aus kann man auf den Bordcomputer zugreifen – ein häufiger Treffpunkt für einen Teil der Crew. Wir lernen Lukas kennen, den jungen deutschen Ersten Offizier des Schiffs, auch *chief officer* oder nur *chief* genannt. Wir merken schnell, dass sich die Männer auf dem Schiff häufig nach ihrem Rang benennen, also *cook, messman, chief* oder *second*, oder diese abkürzen zu *cooky, messy* usw. Manchmal kennen sie sich nicht mal beim richtigen Namen, weil sie sich aufgrund des Schichtsystems kaum zu Gesicht bekommen

Lukas händigt uns eine Liste aller Personen in der Crew

aus (nach Rang sortiert, versteht sich), und wir bemühen uns, die Namen zu lernen. Nachdem er uns die wichtigsten Räume gezeigt und uns eine grobe Orientierung auf dem Schiff gegeben hat, verabreden wir uns für den nächsten Morgen für eine Sicherheitsübung und eine Tour auf dem Schiff. Dann gibt es noch ein kleines Abendessen für uns: Pizza, belegt mit allem Möglichen. Angekommen in unserer Kabine, trauen wir unseren Augen nicht: Wir haben zwei sehr große Räume und ein eigenes Badezimmer zur Verfügung. Es ist eine richtige kleine Wohnung – erwartet hatten wir ein Kämmerchen. Das erklärt dann auch den hohen Preis. Als Erstes gehen wir zum Fenster, sehen aber nur eine Wand aus Containern. Einige werden mit einem Kran auf das Schiff geladen. Beim Aufsetzen hört man einen lauten Knall, und die Vibrationen sind im ganzen Schiff zu spüren. Die Ladungsarbeiten inklusive Geräuschkulisse werden noch die ganze Nacht andauern. Erst am nächsten Morgen soll das Schiff auslaufen. Wir sind von all dem Neuen sowie dem langen Warten am Vormittag ziemlich erschöpft und schlummern schon bald tief und fest.

In der Früh drehen wir uns ziemlich verschlafen im Bett um. Als Lorenz nach der Flasche am Bettrand greifen möchte, sieht er, wie das Wasser darin schwappt. Erst da bemerkt er, dass alles am Vibrieren ist. Zwischendurch kann man ein richtiges Stampfen wahrnehmen. Das muss der Motor sein! Wir fahren!

Wir springen auf und müssen uns erst mal orientieren. Wir sind auf einem Frachtschiff, an der chinesischen Küste, umgeben von Containern! Und das Schiff soll jeden Moment auslaufen oder ist bereits dabei! Noch fühlen sich all diese

Gedanken ziemlich unwirklich an. Schnell ziehen wir uns an und steigen die Treppen zur Brücke hoch. Es sind alle da – der Kapitän, die Offiziere und zwei chinesische Lotsen. Alle in schicken Uniformen und glänzenden, in Form gegelten Haaren. Wir suchen ein Plätzchen, wo wir niemandem im Weg stehen und dennoch das Geschehen beobachten können. Lukas lächelt uns an und wünscht uns einen Guten Morgen. Er erklärt uns, dass wir gerade von kleineren, aber sehr starken Schleppern aus unserem Hafenplatz gezogen werden. Wir haben noch nicht viel verpasst – es geht alles sehr langsam voran. Sorgfältig steuern wir aus dem Hafen. Nun, da es Tag ist, können wir von der Brücke aus den gesamten Hafen von Qingdao sehen. Der Platz, an dem wir gestern an Bord gegangen sind, ist nur ein winzig kleiner Teil der Anlage. Die immense Größe dieser ganzen Maschinerie wird uns erst jetzt so richtig bewusst. Riesenkran reiht sich an Riesenkran, und es liegen noch andere Frachtschiffe im Hafen, die be- und entladen werden. Die dahinterstehende Logistik muss gigantisch sein.

Nach einer Weile steigen die beiden chinesischen Lotsen aus. Es werden Hände geschüttelt, man wünscht sich eine gute Fahrt. Sie nehmen die Treppe an der Seite des Schiffs und steigen von dort auf ein Bötchen um, das sie zurück in den Hafen bringen soll. Das sieht von hier oben ganz schön riskant aus, ist für sie aber sicher Routine.

Die Spannung lässt nicht nach im Verlauf des Tages. Alles ist für uns neu und interessant. Wir versuchen jedes Detail aufzusaugen. Nachdem wir den Hafen hinter uns gelassen haben und auf unserem neuen Kurs fahren, nimmt uns Lukas zur Seite und gibt uns eine Sicherheitseinführung. Er erklärt uns die verschiedenen Notfallsignale des Schiffs und was bei welchem Signal getan werden muss. Wir lernen, wie wir am schnellsten die Überlebensanzüge anziehen, die in unserer Kabine zu finden sind. Sie sind nicht nur wasserdicht und sollen uns vor dem Erfrieren im Wasser in einem Notfall bewahren, sie bieten zusätzlich auch Auftrieb. Sie sind allerdings ganz schön unbequem und bringen einen zum Schwitzen. Kaum haben wir uns von ihnen befreit, ziehen wir sie nochmals an. Diesmal stoppen wir die Zeit.

Lukas zeigt uns anschließend den Essenssaal und Aufenthaltsraum, von denen es jeweils zwei gibt – einer für die Offiziere und Ingenieure, der andere für die übrige Crew. All diese Hierarchien wirken befremdlich auf uns, aber wie wir später mitbekommen, verstehen sich beide Crewteile gut, und es wird auch zusammen gefeiert und Zeit miteinander verbracht. Wir machen einen Abstecher in den Fitnessraum, an dessen Wänden Bilder von übermuskulösen Männern und sportlichen Frauen in knapper Kleidung hängen. Und schließlich drehen wir eine gemeinsame Runde auf dem Deck. Dabei treffen wir Toni, der dabei ist, die Farbe einer Bodenbeschriftung neu zu streichen. Wir begrüßen uns und lächeln uns zu. Lukas erklärt uns, dass auf einem solchen Stahlriesen (es ist wirklich fast alles aus Stahl, wohin wir auch schauen, was wir auch anfassen) Rost ein ständiger Gegner ist, und wenn man einmal durch ist, das Schiff von Rost zu befreien und neu anzustreichen, dann kann man direkt wieder von vorne anfangen – es ist eine nie endende Arbeit.

Wir laufen an den Seiten des Schiffs unter all den Containern hindurch bis zum Bug. Dort ist es erstaunlich ruhig. Kein andauerndes Wummern der Maschinen oder Dröhnen der Kühlung umgibt uns. Stattdessen können wir dabei zuschauen, wie der Bug elegant durch das Wasser schneidet und die Möwen davor kreisen, um einen Fisch zu erheischen. Wir müssen uns allerdings in Acht nehmen, nicht von ihren Ausscheidungen getroffen zu werden.

Lukas erklärt uns mit Freude all die Details zum Anker, zum Ankerlassen und Wiederhochholen. So eine massive Kette aus oberschenkeldicken Gliedern haben wir noch nie gesehen. Schließlich fragen wir Lukas, wie er zur Seefahrt gekommen ist. Obwohl er erst siebenundzwanzig ist, fährt er bereits seit etlichen Jahren zur See. Direkt nach der Schule startete er seine Ausbildung zum Nautischen Wachoffizier. Seitdem zieht es ihn immer wieder aufs Meer. Er erzählt uns, dass man sich in seinem Beruf verpflichtet, für mehrere Monate auf ein Schiff zu gehen, und anschließend ein paar Monate frei hat, bis man (hoffentlich) einen neuen Vertrag bekommt. Die Faszination für die Seefahrt, so erzählt er uns, hat bei ihm nie nachgelassen, und wenn sich seine freie Zeit dem Ende zuneigt, freut er sich bereits wieder auf das Meer.

Zum Abschluss unserer Führung laufen wir an der anderen Seite zurück bis ans hintere Ende des Schiffs, wo Lukas uns den Rudermaschinenraum zeigt, einen großen Raum, in dem das riesenhafte Ruder durch zwei Pumpen gesteuert wird, die wiederum von der Brücke aus gelenkt werden. Wir sind von all dem ziemlich fasziniert.

Etwas verspätet gehen wir zum Mittagessen und sind dabei nicht die Einzigen. Ein stämmiger, ziemlich muskulöser Mann sitzt vor uns: »Ich hab gehört, ihr seid die neuen Passagiere! Willkommen an Bord, neh. Ich bin übrigens Uwe.« Ein kräftiger Händedruck folgt. Uwe ist der Erste Ingenieur und arbeitet den ganzen Tag lang im Maschinenraum. Er ist schon lange in der Schiffsbranche tätig, aber erst seit Kurzem an Bord dieses Schiffs. Er freut sich sehr, bald mal wieder nach Deutschland zu kommen. Zu Hause warten auf ihn seine Frau und sein Sohn. Er ist froh, dass jemand Neues an Bord ist, und so unterhalten wir uns mit ihm über das Schiff und unsere Reise. Dabei lädt er uns in den Maschinenraum ein: »Ihr müsst mal mit mir runterkommen. Das wird euch gefallen! Dann kann ich euch alles zeigen und erklären, wie wir diesen Stahlriesen vorwärtskriegen. Ich würde ja noch gern mit euch weiterschwatzen, aber ich muss wieder runter zur Arbeit.«

Beim Essen bemerken wir, dass wir als Einzige nur Gemüse bekommen haben. Die anderen essen jeder eine große Portion Fleisch und Kartoffeln. Am Abend zuvor haben wir etwas verlegen gefragt, ob es denn möglich sei, vegetarisch zu essen. Darauf werden wir auch häufiger von Crewmitgliedern angesprochen. Viele fragen sich, warum wir auf Fleisch und Fisch, aber auch möglichst auf Milch, Eier und Käse verzichten. Wir erzählen bei diesen Gelegenheiten, dass man sich auch ohne oder mit deutlich weniger tierischen Nahrungsmitteln abwechslungsreich und lecker ernähren kann – mit deutlich geringerer Klimawirkung und weniger Tierleid. Das scheint an Bord dieses Schiffs wirklich etwas Besonderes zu sein. Wir überlegen, ob wir dem Koch helfen können, damit er nicht solch einen Extraaufwand machen muss. Und so trauen wir uns in die Küche. Dort treffen wir auf Koch Bayani und seinen Gehilfen Nimuel, von der Crew *messy* und von Bayani oft »*partner*« genannt. Wir bedanken uns für das leckere Essen und fragen, ob wir beim Kochen helfen dürfen.

»Ja, gerne«, meint er. »Kommt einfach in die Küche.

Morgen so um zehn? Für heute ist eigentlich alles schon gekocht.« Und so kommt es, dass wir täglich ein paar Stunden mit Bayani und Nimuel in der Küche verbringen und uns unser Gemüse kochen. Bayani lässt uns in seine kalten Speicherräume runter, und wir können auswählen, was wir jeweils essen wollen. Die beiden erzählen uns von den Philippinen, sie haben dort Familie. Mehrmals legen sie uns ans Herz, unbedingt die Philippinen zu bereisen. Es gebe dort eine wunderschöne Natur, und alles sei so billig.

Beim Kochen hören wir Bayanis Musik rauf und runter, wissen schon bald, welches Lied auf welches folgt, und kennen nach einer Weile den Text von Ed Sheerans »*Perfect*« auswendig. Bayani und Nimuel singen gerne, und nicht nur sie, auch die restliche Crew mit philippinischer Herkunft. Sie laden uns zu ihren Karaokeabenden nach der Arbeit ein und wollen um jeden Preis, dass wir auch ein Lied singen. Zur näheren Auswahl geben sie uns zwei schwere Ordner mit allen möglichen Liedertiteln – es sind Tausende! Am Ende überwinden wir uns und singen schon bald aus voller Kehle mit den anderen mit. Im Fernseher, auf dem die Liedtexte erscheinen, läuft im Hintergrund eine Foto- und Videoshow mit traumhaften Aufnahmen von den Philippinen: Delfine, Palmen, blaues Meer und Strände, Inseln und Mangos. Wir lernen, dass die besten Mangos der ganzen Welt auf den Philippinen wachsen. Auch steht im Aufenthaltsraum ein Schlagzeug, was Lorenz sehr freut – eines seiner Hobbys. Und so begleitet er das Singen ein wenig mit leisem Getrommel.

Einmal fragt Bayani beim Kochen: »Giulia? Du bist doch ein bisschen Italienerin. Weißt du, wie man Tiramisu macht? Könntest du mir das beibringen?«

Giulia hatte bisher immer ein Rezept, die Zutaten kennt sie, aber was die Proportionen angeht, ist sie sich nicht sicher. Bayani und sie beschließen, es auszuprobieren, und tüfteln gemeinsam über den Mengenangaben.

Der Essenssaal ist der Ort, wo Bayanis und Giulias Tiramisu präsentiert wird. Die erhofften Begeisterungsstürme bleiben zwar aus, aber die meisten finden es sehr lecker.

Mit einigen der Crewmitglieder unterhalten wir uns über ihre Anstellungen und wie lange sie schon dabei sind. Viele vertrauen uns an, dass sie ihre Familien sehr vermissen und dass sie sich manchmal wie in einem Gefängnis fühlen an Bord, so umgeben von all dem Wasser und ohne Möglichkeiten, dem Schiff zu entfliehen. Sie würden sofort ihren Job wechseln, wenn es eine gute Alternative an Land gäbe. Für viele ist die Seefahrerei allerdings die einzige Möglichkeit, eine vergleichsweise gut bezahlte Arbeit zu finden. Der Preis ist, bis zu neun oder sogar zwölf Monate unterwegs zu sein, fern der Familie. Dennoch ist die Konkurrenz um diese Arbeitsplätze sehr groß – zwischen und innerhalb der Philippinen, Sri Lanka, Indien, aber auch China und weiteren Ländern. Die Menschen überbieten sich förmlich in der Akzeptanz geringer Löhne. Für die Schifffahrtskonzerne und den globalen Handel sind dies natürlich Vorteile, da sie niedrige Preise und hohe Profite ermöglichen, aber auch dort herrscht eine erdrückende Konkurrenz, die kein anderes Verhalten erlaubt, solange man als Betrieb nicht untergehen möchte. Einige Crewmitglieder sind bereits bei Firmen mitgefahren, die bankrottgingen oder mit anderen fusionierten. Ganz nach dem Motto: »Wachse oder stirb!«

Manchmal sind die Gespräche auch unbeschwerter, so

etwa, wenn wir mit Toni über Liebe und Beziehungen reden. »Das Wichtigste ist, dass man immer miteinander redet und ehrlich zueinander ist. Was immer passiert, welche Probleme auch aufkommen, man muss einfach darüber reden, offen und ehrlich. Das ist mein Rat. Dann findet man immer wieder zueinander«, sagt er und lächelt. Wir können nur zurücklächeln und nicken. Ein großes Thema für Bayani und Nimuel ist das Heiraten.

»Und, wann heiratet ihr?«, fragen sie mehr als einmal.

Wir sind etwas verlegen und lachen anstelle einer Antwort. »Na, sagt schon! Das ist wichtig!«

Wir sind noch immer am Lachen. »Na ja, das wissen wir noch nicht«, sagen wir dann ausweichend.

Bayani und Nimuel scheinen etwas enttäuscht, aber sie können sich ein Grinsen nicht verkneifen.

Ein andermal rätseln wir über die Seefahrt vor den Zeiten von GPS und Computern.

»Wie hat man damals überhaupt den Weg gefunden?«, wundert sich Giulia.

»Na, das könnt ihr mal selbst ausprobieren. Die haben auf der Brücke so einen Sextanten, mit dem ihr mithilfe von ein paar Sternen, der Sonne oder dem Mond eure Position bestimmen könnt, oder, Lukas?«, meint Uwe, bewegt dazu seine Hände in großen Gesten und ergänzt: »Ich habe das schon lange nicht mehr gemacht. Würde aber gerne wieder mal ein paar Sterne schießen!«

Bis zum Abend hat Lukas uns ein akkurates Arbeitsblatt voller Berechnungen vorbereitet. Neugierig stehen wir mit Uwe, dem Zweiten Offizier Emil und dem Kadetten Miklosh auf der Brücke. Lukas erklärt uns, wie wir mit dem Sextanten die Himmelskörper »schießen«: Wir peilen einen Stern an, messen seine Höhe über dem Horizont mithilfe des Sextanten, nehmen die Zeit. Und Lukas erklärt uns, wie wir die Zenitdistanz berechnen. Ganz schön kompliziert!

Jeder von uns wählt einen anderen Stern und einer gar die Sonne, die noch zu sehen ist. Und da wir schon dabei sind, lernen wir auch ein paar Sternennamen und Sternbilder kennen. Nachdem jeder an der Reihe war, geht's an die Berechnung unserer Position auf Basis der »geschossenen« Winkel der Himmelskörper. Nach einer Stunde zeichnen wir unsere berechneten Standortlinien auf einer Karte ein und bestimmen so den Bereich, in dem wir uns aller Wahrscheinlichkeit nach befinden – unsere Köpfe rauchen! So viel Mathe hatten wir schon eine ganze Weile nicht mehr.

Während unserer zwei Wochen auf dem Schiff lernen wir so einiges. Eines Tages erklärt uns Lukas, wie genau das Schiff gesteuert wird.

»Hier«, sagt er und händigt uns einen Zettel mit allen Steuerkommandos aus. »Wenn ihr übt und das alles auswendig könnt, dürft ihr vielleicht selbst mal das Schiff steuern.«

»Echt jetzt? Das wäre ja spannend!« Lorenz ist vollauf begeistert. Also machen wir uns fleißig daran, sämtliche Befehle auswendig zu lernen.

Ein paar Tage später steuern wir unter Aufsicht von Lukas das Schiff. Er gibt uns die Richtungsbefehle vor, und wir führen sie durch. Das Schiff reagiert nur sehr träge auf unsere Einstellungen, häufig dreht es sich zu weit nach links oder rechts, da auch immer noch die Strömungsverhältnisse berücksichtigt werden müssen – alles in allem wirklich nicht einfach. Uns ist ein wenig mulmig dabei, solch ein großes Schiff durch die Meere zu steuern. Wir bestehen aber Lukas' Prüfung und erhalten sogar ein laminiertes Steuerzertifikat als Beweis.

An anderen Tagen nimmt uns Uwe mit in den stickigen, heißen und dröhnenden Maschinenraum. Dort erklärt er uns die Maschinen und Geräte, wie diese das Schiff antreiben und wie genau alle funktionieren.

»Seht ihr das? Das ist der Motor des Schiffs, so groß wie ein Einfamilienhaus! Hier sind die Zylinder, die sind größer als ich! Momentan verbrennen wir circa vier Tonnen Öl pro Stunde.« Wir kommen aus dem Staunen kaum heraus und geben uns große Mühe, Uwe zu verstehen. Es ist unfassbar laut, und wir tragen Ohrenschützer.

»Da drüben steht unsere Wasserfiltermaschine, und hier, das sind zwei unserer großen Stromgeneratoren.« Er zeigt uns auch einen Topf, in dem sich sehr dickflüssiges, dunkles Öl befindet. »Hiermit wird unser Schiff angetrieben. Zuerst müssen wir es aber noch auf einhundertvierzig Grad Celsius erhitzen – sonst würde das nicht laufen, ist ansonsten viel zu zäh! Früher, da hatten wir besseres Öl, das musste nicht so hoch erhitzt werden. Dies hier ist halt einfach das Abfallprodukt, das nach dem Raffinieren übrig bleibt, dadurch ist es so billig. Man könnte daraus fast schon Asphalt machen. Alles andere als umweltfreundlich, ich weiß.«

Ein anderes Mal lässt uns Uwe mithelfen, einen der riesigen Generatoren auseinanderzuschrauben und irgendwelche Kontrollzahlen zu notieren. Diese Aufgabe ist nicht nur ziemlich anstrengend, sondern auch sehr wichtig. Denn die Kontrollzahlen geben Auskunft über den Zustand der Bauteile. Was sie im Detail bedeuten, wissen wir nicht, aber falls bestimmte Messwerte über den zugelassenen Grenzwerten liegen, muss das Teil ausgetauscht werden.

Auch wenn es weitaus schwierigere Arbeiten hier im Maschinenraum zu erledigen gibt, sind wir schweißgebadet und erschöpft – es fühlt sich an, als würden wir in einer Sauna intensivstes Krafttraining treiben.

Die Crew arbeitet unter diesen Bedingungen ganze acht Stunden am Tag, und das mindestens fünf Tage die Woche. Uwe erzählt uns, dass er sieben bis acht Liter am Tag trinken muss. Diesen Job wollen wirklich nicht viele Leute machen – im Gegensatz zur Decksarbeit sieht man den ganzen Tag auch nichts anderes als grauen Stahl und braunes Öl und leistet absolute Schwerstarbeit.

Immer wieder fallen Uwe neue Orte auf dem Schiff ein, die wir gemeinsam erkunden können. So steigen wir mit ihm vom tiefsten Punkt des Maschinenraums, wo hinter der Stahlwand nur noch Wasser kommt, den Schornstein entlang bis zu dessen Ende, dem höchsten Punkt des Schiffs. Uwe kontrolliert auf dem Weg, ob alle Lämpchen noch funktionstüchtig sind. Oben angekommen, können wir von ganz Nahem beobachten, wie der gelblich schwarze Rauch aus dem monströsen Schornstein weht und im blauen Himmel über uns verschwindet. Überall auf dem Boden liegen Rußpartikel, die beim Verbrennen entstehen und oben hinausgeschleudert werden, fast kommt es uns vor wie schwarzer Sand. Beim Anblick und dem Geruch dieser ganzen Verschmutzung fragen wir uns, ob das wirklich alles sein muss. Obwohl wir von der Menge an Cargo, die durch die Weltmeere schippert, bereits viel gelesen haben, trauen wir kaum unseren Augen und Ohren angesichts dessen, was wir auf dieser Schiffsreise mitbekommen. Auch wenn Frachtschiffe relativ gesehen effizient sind (→ Kapitel 3), ist es kaum zu fassen, welche Ressourcen verbraucht und Emissionen ausgestoßen werden, und welch massive Infrastruktur benötigt wird, um T-Shirts und Bananen von dem einen Ort zum anderen zu transportieren. Uns kann niemand im Detail sagen, was denn nun genau in diesen Containern transportiert wird. Kleider, Schuhe, aber auch Früchte sind auf jeden Fall dabei, heißt es. In den gekühlten Containern befinden sich häufig tierische Produkte. Nicht selten schippern leere Container um die Welt. Da beispielsweise China einen Exportüberschuss hat, müssen die leeren Container von den Zielstaaten der Exporte wieder zurückgebracht werden. Auch Uwe sieht die Absurdität und Gefahr dieser ganzen Dynamiken, und wir führen intensive Gespräche über den Welthandel und seine Auswirkungen. Vieles verstehen wir nicht – oftmals ist es ja nicht so, dass gewisse Güter an den angelieferten Orten nicht existieren würden und deswegen von weit her kommen müssten. Die Preise der Waren und Güter müssen trotz der ganzen Transportkosten am Ende niedriger sein als die heimischen, regionalen Produkte, damit es sich aus ökonomischer Sicht lohnt, diese über die Weltmeere zu verschiffen. Ob das in Bezug auf andere Werte, wie den Schutz unserer Lebensgrundlagen und Menschenrechte, Sinn macht, sei dahingestellt. Das erklärt dann auch, warum unterschiedliche Lohnkosten sowie niedrige Ölpreise dazu beitragen, dass zum Beispiel norwegischer Fisch nach China zum arbeitsintensiven Filetieren transportiert wird, nur um die Filets anschließend direkt wieder nach Norwegen zurückzuschippern. All das wird mittlerweile auch unter dem Stichwort »verrückter Handel« *(insane trade)* diskutiert. Sind nicht genau das die Dynamiken und Auswirkungen eines von Profit und Konkurrenz getriebenen kapitalistischen Wirtschaftssystems?

Zu dritt bleiben wir noch eine Weile dort oben, genießen die phänomenale Aussicht mit bitterem Nachgeschmack durch unser tiefgehendes Gespräch. Es wird Zeit, wieder ins Dunkel des Schachts hinabzusteigen, dem Lärm und der Hitze entgegen.

Am Abend, wenn die meisten Crewmitglieder frei haben, werden im Aufenthaltsraum Brettspiele oder Tischtennis gespielt, es wird viel gequatscht, gelacht und Karaoke gesungen. Während unseres Aufenthalts werden zwei Feste gefeiert – eine Geburtstagsfete von Fernando, einem philippinischen Crewmitglied, und ein kleines Abschiedsfest des Kapitäns, der ebenfalls in Brisbane aussteigen wird. Lorenz kommt dabei mit seinen Kochkünsten auch noch zum Zuge, als sein deutscher Kartoffelsalat nach dem Rezept seiner Großmutter es auf das Buffet schafft. Nebenbei wurde den Tag über ein ganzes Schwein über einem Feuer gegrillt. Die Crewmitglieder mussten sich beständig abwechseln, um ein durchgängiges Drehen zu ermöglichen. Lorenz und Toni singen zusammen »In the End« von Linkin Park, und Miklosh singt aus voller Kehle mit: »I tried so hard and got so far, but in the end it doesn't even matter.« Auch Uwe und Lukas versuchen sich am Gesang, und so ist es ein wirklich schönes geselliges Beisammensein.

Am Tag darauf stürmt Uwe in den Essenssaal. »Mahlzeit zusammen! Ich hatte da so eine Idee! Morgen ist ja Sonntag, da habe ich frei. Wir könnten also, natürlich nur, falls ihr wollt, gemeinsam eine Sonnenuhr basteln! So ein kleines Andenken an eure Reise auf dem Frachter. Na, was meint ihr?«

Wir sind natürlich Feuer und Flamme. Den darauffolgenden Tag verbringen wir also in der Werkstatt des Maschinenraums. Auf Anweisungen von Uwe schneiden wir die Holzplättchen zu, schleifen alles sorgfältig und suchen die weiteren fehlenden Teile in der Werkstatt zusammen, eine Metallscheibe hier und ein Kupferstäbchen dort. Nach ein paar Stunden haben wir eine kleine Sonnenuhr gebastelt.

»Die sieht gut aus. Und? Wollen wir sie oben ausprobieren?«, fragt Uwe.

Auf der Brücke richten wir die Sonnenuhr Richtung Norden und lesen die angezeigte Uhrzeit ab. Dann noch den Fehler der Jahreszeit wegrechnen, und wir haben die Zeit: vier Uhr und siebzehn Minuten. Wir gucken auf unsere Uhren: vier Uhr siebzehn. Perfekt!

Zufrieden unterhalten wir uns auf der Brücke über die Faszination der Seefahrt und fragen uns, wann die Schifffahrt wieder im Einklang mit dem Erhalt unserer Lebensgrundlagen sein wird. Dabei schippern wir langsam in Richtung Brisbane, eine braun-gelbe Rauchfahne hinter uns lassend.

9 Angekommen am Anfang

Es ist acht Uhr, ein kühler, klarer Morgen. Wir stehen auf der Brücke unseres Frachtschiffs und können es kaum fassen: Vor uns liegt Brisbane! Unsere Herzen pochen schnell. Wir sind wirklich in Australien angekommen! Nach rund zweihundert Stunden in Zügen, fünfzehn Tagen auf See, nach anderthalb Monaten unterwegs sind wir plötzlich hier.

Die Eindrücke prasseln nur so auf uns ein. Vor uns sind riesige Hafenkräne fleißig dabei, Container aus- und einzuladen. Zu unserer Linken transportieren kleinere automatisierte Kräne die Container am Land. Beständiges Piepen und Hupen, nur unterbrochen vom Krachen der beim Stapeln aufeinanderprallenden Metallboxen, erfüllt die Luft. Zu unserer Rechten kreuzen in der Bucht Segelschiffe und Motorboote. Hinter einem dicht wachsenden Mangrovenwald, den wir bisher nur aus dem Schulbuch kannten, sehen wir, wie im Minutentakt Passagierflugzeuge am Flughafen von Brisbane landen und starten. Dicht hintereinander schweben die rot-weißen Flugzeuge nahe am Boden, um dann sanft aufzusetzen. Andere wiederum beschleunigen kräftig auf der Startbahn und heben ab zu ihrem nächsten Reiseziel. Was für ein unglaublicher Kontrast zu unserer Reise. Wir sind überwältigt und lehnen uns sprachlos über den nicht überdachten Brückenflügel. Tausend Gedanken schießen uns durch den Kopf, ganz zu schweigen von den Gefühlen. Wir sind wahrlich angekommen. Aber es ist ein Ankommen am Anfang. Denn nun startet das Abenteuer eigentlich erst richtig! Was werden wir das nächste Jahr in Australien machen? Wo werden wir leben? Wie werden wir wieder nach Hause kommen? Viele Fragen sind offen, doch etwas ist klar: Ein neuer Abschnitt beginnt. Gleichzeitig kristallisiert sich gerade, in diesem einen Moment, der Sinn und Zweck unserer ganzen Reise heraus. All unsere Diskussionen, Überlegungen und Sorgen, die wir uns vor der Abreise gemacht haben, kommen mit geballter Kraft wieder in uns hoch. Wie mit einem Schlag, mit dem Dröhnen der Flugzeuge neben uns, donnert es uns ins Gesicht: »Ihr hättet das Ganze auch in vierundzwanzig Stunden machen können.« Einfach ein Flugticket kaufen, in Zürich oder Berlin einsteigen, einmal umsteigen und am nächsten Tag in Brisbane oder Sydney wieder aussteigen. Preisgünstig, schnell und unkompliziert. Sicher, wir hätten ein paar Tonnen mehr an Treibhausgasen ausgestoßen, unser persönliches CO_2-Budget mehrfach gesprengt, unsere Erde wäre noch heißer, die Zukunft für viele Menschen noch schmerzvoller. Wir hätten viel Zeit gespart, aber dafür unserem sozialen Umfeld kommuniziert, dass wir bei all unserem Gerede von Klimaschutz bei uns selbst dann doch keine Einschränkungen machen. Während unserer langen Planungsphase wunderten wir uns, wie leicht es ist, einfach in ein Flugzeug zu steigen, und wie schwer im Vergleich das Reisen ohne Flugzeug. Aber ist dem wirklich so? Was genau macht es so schwierig, am Boden zu bleiben?, fragen wir uns, hier auf der Brücke unseres Frachtschiffs …

Welche Hürden stellen sich in den Weg der flugfreien Mobilität?

Die flugfreie Mobilität birgt momentan noch viele Schwierigkeiten in sich. Insbesondere bei Fernreisen, aber auch bei Intrakontinentalreisen sind die Alternativen zum Flugverkehr mit vielen Hürden verbunden. So etwa sind alternative Transportmittel, wie zum Beispiel Züge, sehr häufig teurer als das Flugzeug. Das liegt unter anderem daran, dass Kerosin als Brennstoff für Flugzeuge noch immer vollständig von jeglichen Steuern befreit ist, während Zugtickets beispielsweise in Deutschland noch bis Ende 2019 mit dem Mehrwertsteuersatz für Luxusartikel belegt waren.[154] Dazu kommen Billigairlines, Lohndumping und Deregulierungen des Flugsektors, die neben Preissenkungen sinkende Qualität und Sicherheit auf Kosten der Angestellten mit sich bringen,[155] sowie Bonusmeilensysteme, die Vielfliegen fördern. Die Flugindustrie hat auch massiven Einfluss auf politische Organisationen wie die Internationale Zivilluftfahrtorganisation (ICAO) und Regierungen weltweit. Dabei wird dafür lobbyiert, die CO_2-Emissionen des internationalen Flugverkehrs gänzlich aus internationalen Klimaabkommen wie dem Kyoto-Protokoll oder auch dem aktuellen Pariser Abkommen herauszuhalten, um das Wachstum der Flugindustrie und niedrige Preise zu sichern. Zudem wird versucht, Steuern von Nationalstaaten auf das Fliegen möglichst zu verhindern und Subventionen aufrechtzuerhalten – beides bisher mit großem Erfolg.[156] Ein gutes Beispiel dafür ist die von der ICAO im Jahr 2016 beschlossene internationale Klimastrategie »CORSIA« (»Carbon Offsetting and Reduction Scheme for International Aviation«, auf Deutsch: Kohlenstoff-Kompensations- und Reduktionsschema für die internationale Luftfahrt). Die Strategie hat das Ziel, durch die bereits in Kapitel 2 angesprochenen, hoch umstrittenen Kompensationsprojekte sowie technische Maßnahmen (Effizienz, bessere Betriebsabläufe und Biotreibstoffe) ab 2020 ein »CO_2-neutrales Wachstum« zu erreichen. Dabei wird allerdings die Nicht-CO_2-Klimawirkung der Luftfahrt ignoriert.[157] Zudem sind 118 von 191 Ländern davon ausgenommen. Von »CO_2-neutralem Wachstum« kann also wirklich nur in Gänsefüßchen geredet werden, CO_2-Emissionen werden effektiv nicht reduziert, und am Business-as-usual wird festgehalten.

Zum niedrigen Preis von Flugreisen sowie der Macht der Konzerne kommt hinzu, dass meist um ein Vielfaches mehr Zeit für das Zugfahren oder andere Flugalternativen benötigt wird. Hier sollte man jedoch genauer hinschauen, denn es kann schnell passieren, dass die Zeitgewinne beim Fliegen gar nicht so groß sind wie gedacht. Beim Ein- und Auschecken sowie den Sicherheitskontrollen geht viel Zeit verloren. Schließlich kann auch die Zeit im Zug meist besser genutzt werden, zum Beispiel zum Lesen oder auch Arbeiten.[158] Dennoch, in vielen Fällen benötigt das flugfreie Reisen viel mehr Zeit, und Zeit ist in unseren Gesellschaften meistens Mangelware. Viele Menschen haben nur wenige Wochen Urlaub im Jahr und arbeiten vierzig oder mehr Stunden pro Woche.

Abgesehen von den zeitlichen Gewinnen von Flugreisen sind viele Gebiete gar nicht anderweitig als mit dem Flugzeug erschlossen oder nur sehr umständlich zu bereisen. Nachtzüge werden an vielen Orten eingestellt, und günstige, regulär fahrende (Segel-)Schiffe gibt es meistens nicht.[159]

Unsere Reise ist wahrscheinlich ein gutes Beispiel für diesen Punkt.

Weiter arbeitet ein ganzer Industriebereich, mit massiven Ressourcen aus der Flugbranche ausgestattet, beständig daran, Menschen zum Vielfliegen zu überreden: die Werbeindustrie.[160] Geschickt wird suggeriert, dass man nur glücklich sein könne, wenn man hier und dort bereits gewesen sei, dass man sich nur so mit anderen Kulturen austauschen und sich persönlich weiterentwickeln könne. Dabei werden alle Register an psychologischen Tricks gezogen, um die Schwächen und Träume der Menschen auszunutzen und eine Kultur des Vielfliegens aufzubauen und zu verfestigen. Klingt wie eine Verschwörungstheorie, ist aber gut erforscht. Hinzu kommt, dass generell in unserer westlichen Kultur Schnelligkeit, Effizienz und weltweite Reichweite immer mehr als Erfolgsmerkmal gelten und einen zentralen Platz in der Vorstellung von einem »guten Leben« innehaben. Durch Prominente, einschließlich Wirtschaftsbossen und Social-Media-Influencer, wird Vielfliegen an Millionen von Fans, Angestellte, Familie und Freunde als Idealvorstellung kommuniziert.[161] Dies wird bestärkt durch größere Trends unserer westlichen Gesellschaften, die unter dem Stichwort »Beschleunigung« diskutiert werden: Zahlreiche Prozesse des sozialen, wirtschaftlichen und kulturellen Lebens gewinnen, nicht zuletzt durch beständige Konkurrenz und technische Innovation, immer mehr an Geschwindigkeit.[162,163] Fliegen wird somit als effiziente und schnelle Mobilitätsform von der Arbeits- und Konsumwelt, aber auch vom sozialen Umfeld vielfach gefordert und gefördert.[161,164] Dadurch sehen sich viele Menschen zum Fliegen gezwungen. Freunde von uns müssen beispielsweise aus beruflichen Gründen fliegen und könnten bei einem Verzicht aufs Flugzeug ihre Arbeit verlieren. In der Wissenschaft wird Vielfliegen, wie bereits erwähnt, noch immer mit Erfolg assoziiert,[165] auch wenn nicht wenige Fakten dagegen sprechen.[166] Ein persönlicher Austausch bleibt dennoch besonders für junge Forschende wichtig, die unter starkem Konkurrenzdruck stehen, sich erst noch etablieren müssen, daher ungern auf das Fliegen verzichten und teils sogar von ihren Betreuungspersonen dazu ermuntert werden. In anderen Bereichen, wie in der Privatwirtschaft, sieht es ähnlich aus. Kein Wunder also, dass Fliegen noch immer sehr positiv, mit Schnelligkeit, Coolness, Freiheit und Erfolg, besetzt ist. Da wird von uns Menschen schon viel Willenskraft und ethisches Bewusstsein verlangt, sich zu fragen, ob es den Urlaub oder auch die Geschäftsreise im fernen Land wirklich braucht, um ein gutes Leben zu führen.

Zusammengefasst lässt sich sagen, dass derzeit das gesamte Umfeld Vielfliegen erleichtert und sogar ermutigt. Für die flugfreie Mobilität, besonders bei Fernreisen, braucht es also, wenn es denn überhaupt möglich ist, noch viel Willenskraft, Geld und Zeit. Alles Attribute, die nicht jeder Person unserer Gesellschaft in gleichem Maße zukommen.

Ein anderer Faktor ist, dass nicht für alle Menschen Fernreisen gleich notwendig sind. Es gibt einen Unterschied zwischen dem Besuch oder der Unterstützung der fernen Familie – oder auch der Flucht vor Armut und Verfolgung – und dem jährlichen Urlaub auf Bali. Aus diesen und weiteren Gründen ist für einige Menschen der Verzicht auf Fernreisen oder die langsame Anreise via Zug und Schiff mit viel höheren Verlusten verbunden als für andere. Hier tut sich also wieder eine Gerechtigkeitsfrage auf. Häufig ist das langsame Reisen, besonders bei Fernreisen wie der unsrigen, ein Privileg. Etwas paradox, da global gesehen nur eine Minderheit überhaupt fliegt. Selbst in reichen Ländern ist ein Großteil der Flüge der reichsten Oberschicht zuzuordnen, die mehrere Male im Jahr fliegt (→ dazu Kapitel 2). Dennoch muss man die ganzen Hürden, die momentan für viele Menschen mit dem langsamen Reisen verbunden sind, sowie die unterschiedlichen Notwendigkeiten von Fernreisen berücksichtigen und besonders privilegierte Menschen bezüglich des (weniger notwendigen) Flugverhaltens adressieren. Denn diese Hürden und Schwierigkeiten – die müssen ja nicht so bleiben, oder? In Anbetracht der Klimakrise sollten wir diese Situation sehr bald verändern.

Um diese Veränderungen voranzutreiben und möglichst schnell ein anderes Mobilitätssystem zu gestalten, wird häufig argumentiert, dass wir besonders einen politischen und systemischen Wandel brauchen. Doch was ist damit überhaupt gemeint?

Wir brauchen einen politischen und systemischen Wandel! Aber welche Möglichkeiten und Ideen gibt es überhaupt?

Um allen Menschen die flugfreie Mobilität zu vereinfachen und das Vielfliegen, besonders für die Privilegiertesten, zu erschweren, werden verschiedene konkrete politische Maßnahmen diskutiert.[167,168] So etwa während der mehrtägigen Konferenz »Degrowth of Aviation« von Nichtregierungsorganisationen in Barcelona im Sommer 2019. Dahin reisten die knapp zweihundert Teilnehmenden per Zug, Bus oder Fahrrad an oder nahmen virtuell via Videokonferenz teil.[169] Im Folgenden möchten wir einige der dort diskutierten Maßnahmen und auch weitere Projekte und Ideen vorstellen.

Allen voran braucht es dringend die Verbesserung und den Ausbau von bezahlbaren und angenehmen Alternativen zum Flugverkehr. Hierbei sind der Schienen-, aber auch der Busverkehr (in Gegenden ohne gutes Schienennetz) von zentraler Bedeutung. Ein verbessertes und bequemes Nachtzugangebot, abgestimmte Transfersysteme von Zugverbindungen sowie einfache internationale Buchungssysteme wären wichtige Ansatzpunkte. Damit in Verbindung stehen natürlich auch die oben erwähnten Steuerfreistellungen der Flugindustrie, die stattdessen der Vergünstigung und dem Ausbau umweltfreundlicher Alternativen zukommen sollten. Eine Studie des Bund für Umwelt und Naturschutz Deutschland, kurz BUND, zeigt, dass rund zwei Drittel aller Inlandflüge in Deutschland (ganze 200 000) durch unter vierstündige Fahrten in bestehenden ICE-Zügen ersetzt werden könnten.[170] Es existiert also ein massives Potenzial für Emissionsreduktionen, wenn das Fliegen unattraktiver und Bahnfahren attraktiver würde. Hierbei wird uns häufig gesagt, dass es dringend neue Schnellzuglinien brauche, um mit Flugzeugen mitzuhalten. Allerdings bringen diese auch erhöhte Umweltschäden mit sich. So etwa verursacht ihre hohe Geschwindigkeit mehr Lärm und verbraucht weit mehr Energie als konventionelle Züge.[171,172] Allerdings sind Schnellzüge auch vielfach effizienter, wodurch dieser höhere Energiekonsum häufig überkompensiert wird und somit kein negativer Klimaeffekt aus dem Betrieb entsteht.[173] Beim Bau von neuen Linien wird allerdings nicht nur sehr viel CO_2-intensiver Zement und Stahl verbaut,[174] sondern es werden auch wegen der möglichst geraden Strecken Ökosysteme und Landschaften zerschnitten. Letzteres führt wie der Lärm häufig zu Konflikten mit der lokalen Bevölkerung. Daher sehen wir neue Schnellzuglinien nicht als Allheilmittel in der Klimafrage an.

Weiterhin müsste für Fernreisen dringend die Passagier-Schifffahrt mit ökologischem Design (re-)aktiviert werden, beispielsweise durch Windantriebe wie Segel, Solarkraft und/oder alternative Treibstoffe. Mit derzeitigen Frachtschiffen zu reisen ist zwar um ein Vielfaches besser, als zu fliegen (→ Kapitel 3), allerdings sind die mit Schweröl betriebenen Schiffe keine Lösung für die Zukunft. Daher braucht auch dieser Sektor in kurzer Zeit radikale Veränderungen[175] – inklusive einer Reduktion der Frachtschifffahrt.[176]

Als weitere Alternative zum Flugverkehr können der Ausbau und die Förderung von virtueller Kommunikation durch Telefonkonferenzen dienen.[177] Dies könnte vor allen Dingen die vielen Geschäftsreisen reduzieren. Interviews, Workshops und Gespräche lassen sich ganz einfach durch virtuelle Kommunikation ersetzen, auch Vorträge übers Web sind gut machbar. Schwieriger wird es bei Konferenzen, bei denen oft die freie Zeit von zentraler Bedeutung ist, um soziale Bindungen zu pflegen. Aber auch hier gibt es Ansätze und Versuche, Menschen virtuell zum Beispiel an gemeinsamen Essen oder Pausen teilnehmen zu lassen.[178,179] Die virtuelle Kommunikation ist zwar um ein Vielfaches besser, als zu fliegen,[180] doch auch hier fallen CO_2-Emissionen an, da das Internet momentan noch nicht mit erneuerbaren Energien läuft. Man nimmt an, dass das Internet global gesehen für zwei bis vier Prozent aller CO_2-Emissionen verantwortlich ist.[181]

Bisher haben wir Maßnahmen diskutiert, die die Alternativen zum Fliegen attraktiver machen. Was aber gibt es für Ideen, um die eigentlichen Kosten des Fliegens einzubeziehen, somit das Fliegen unattraktiver zu machen und das Wachstum des Flugverkehrs auf diese Weise effektiv zu begrenzen?

Hierzu zählt etwa die Flugticketabgabe, bei der die Preise von Flugtickets erhöht, somit das Fliegen teurer wird und die CO_2-Emissionen gesenkt werden. Die Abgabe kann auch an die geflogenen Kilometer oder den Kerosinverbrauch gebunden werden und auf diese Weise die Flugdistanz oder direkt den CO_2-Ausstoß berücksichtigen. Dabei sollte auch die Nicht-CO_2-Klimawirkung einbezogen werden (→ Kapitel 2).

Die zusätzlich eingenommenen Beträge durch eine Flugticketabgabe könnten entweder direkt an die Bevölkerung zurückverteilt oder auch in klimafreundliche Industrien und den Aufbau von alternativen Mobilitätsformen investiert werden. Ähnliches trifft auf das Erheben einer Mehrwertsteuer auf Flugreisen zu, das Milliarden an Einnahmen generieren und Emissionen senken würde.[182] Diese beiden Maßnahmen würden die derzeitigen Wettbewerbsvorteile und Privilegien des Fliegens gegenüber den klimafreundlicheren Alternativen reduzieren. Eine Flugticketabgabe wirft allerdings auch Gerechtigkeitsfragen auf. So etwa können wohlhabendere Menschen den höheren Preis leicht tragen, während ärmere Menschen deutlich stärker betroffen wären.

Aus diesem Grund ist es wichtig, auch andere Ideen zu

diskutieren. Dazu zählt die Vielfliegerabgabe, die progressiv mit der Anzahl Flüge einer Person (beispielsweise pro Jahr oder auch auf Lebenszeit) ansteigt. Sie betrifft vor allem Menschen, die sehr häufig fliegen (→ Kapitel 2). Eine Vielfliegersteuer würde die Flugzahlen senken, ohne die Mobilität der Mehrheit einzuschränken.[183] So würde das heute geltende Bonusmeilensystem vom Kopf auf die Füße gestellt. Es gibt aber auch Nachteile, wie den höheren Administrationsaufwand oder dass Flugklasse und -distanz je nach Rechenmodell unberücksichtigt bleiben. Daher müsste solch eine Maßnahme durch weitere ergänzt werden.

Es werden auch handelbare Flugticketkontingente vorgeschlagen, wo allen Menschen für einen gewissen Zeitraum eine bestimmte Menge Flugkilometer zustehen und diese untereinander gehandelt werden können.[184] Wenn jemand nicht fliegt und seine Flugkilometer nicht benötigt, können diese verkauft werden. Menschen, die viel fliegen und ihre eigenen Flugkilometer überschreiten, müssen sich die Flugkilometer dazukaufen und haben somit höhere Kosten. Hierbei stellt sich natürlich die wichtige Frage, wie hoch solch ein Kontingent sein sollte, wer dies festlegt und inwiefern das Kontingent mit der Zeit reduziert wird. Zudem würden auch hier wieder die bereits angesprochenen Gerechtigkeitsfragen auftauchen.

Eine andere Forderung ist ein Pro-Kopf-Deckel mit Priorisierung derjenigen, die die Flüge am dringendsten benötigen, so etwa Menschen mit körperlichen Beeinträchtigungen, die vielleicht keine allzu lange Reise auf sich nehmen können, oder mit Familien im Ausland. Auch könnten Kurzstrecken- und Inlandsflüge, die durch vier- bis fünfstündige

Zugfahrten ersetzt werden können, gleich ganz verboten werden. Diese Maßnahme wurde bereits im niederländischen Parlament diskutiert, um die Fluglinie zwischen Amsterdam und Brüssel einzustellen, die zwei bis drei Stunden mit dem Zug dauert.[185,186]

Weiter könnte die Werbung für das Fliegen wie damals für Zigaretten eingeschränkt oder gleich verbannt werden. Warum sollten Konzerne für den schnellsten Weg in die Klimakrise werben dürfen?

Zu guter Letzt können Flughäfen selbst ins Visier genommen werden. Derzeit werden Flughäfen global massiv neu und ausgebaut: Weltweit sind 423 neue Flughäfen in Planung oder in Bau, 58 davon in Europa, sowie 121 zusätzliche Landebahnen.[187] In diesem Punkt gibt es Vorschläge, Flughafenausbauten ganz zu stoppen oder gleich Verbote für neu angedachte Flughäfen zu erwirken. Auch eine stetige Verkleinerung von Flughäfen wird diskutiert. Klingt unrealistisch? Kommt aber tatsächlich vor, wie etwa in Wien. Beispielsweise entschied 2017 das Bundesverwaltungsgericht in Wien, dass die geplante »dritte Piste« des dortigen Flughafens aufgrund der negativen Folgen des Klimawandels nicht genehmigt werden könne.[188] Das Urteil führte zu zahlreichen Reaktionen und wurde schließlich ein Jahr später wieder aufgehoben. Ausschlaggebend dafür waren die Stärkung des Wirtschaftsstandorts, der Erhalt der Konkurrenzfähigkeit und die Möglichkeit, viele neue Arbeitsplätze zu schaffen.[189,190]

Dieses Beispiel verdeutlicht die immensen Schwierigkeiten, vor denen wir stehen. All die beschriebenen politischen Maßnahmen sind zwar sehr wichtig und würden große Veränderungen hin zu einer klimafreundlichen Mobilität bewirken. Jedoch würden sie vielfach dazu führen, dass Menschen generell weniger weit und wenn weit, dann für längere Zeit und seltener reisen. Die breite Akzeptanz solcher Maßnahmen setzt daher einen grundlegenden Kulturwandel in weiten Teilen der Bevölkerung voraus, weg von der derzeitigen Hypermobilität als Idealvorstellung und hin zum langsamen und dafür intensiveren Reisen. Dieser Wandel könnte unterstützt werden durch Veränderungen in der Arbeits- und Lebenswelt der Menschen, wie zum Beispiel durch längere Ferien und kürzere Arbeitszeiten, sowie der politischen und gesellschaftlichen Rahmenbedingungen: weniger Konkurrenz, mehr Kooperation. Denn das Durchsetzen der politischen Maßnahmen zur Reduktion des Flugverkehrs und zum Ausbau von Alternativen scheint uns nur schwer vorstellbar in unserer derzeitigen Welt der beständigen Beschleunigung, des scheinbar unendlichen Wachstums, der globalen Konkurrenz und des Profits als zentralem Ziel wirtschaftlichen Handelns. Um diese Herausforderungen anzugehen und die Klimakatastrophe effektiv und umfassend zu bekämpfen, werden seit einigen Jahren Vorschläge für eine Postwachstumsgesellschaft diskutiert.[191,192,193,194,195,196] In einer solchen Gesellschaft würden ein »gutes Leben« für alle Menschen, zeitlicher und zwischenmenschlicher Wohlstand, Mit- und Selbstbestimmung sowie ökologische Nachhaltigkeit im Mittelpunkt stehen. Dies würde ausgelebt durch an den Bedürfnissen der Menschen orientierte und demokratisch kontrollierte, lokale Wirtschaftskreisläufe, Suffizienz (weniger Produktion und Konsum, ein »Genug« an materiellem Wohlstand) und soziale Gerechtigkeit (Umverteilung von Arbeit, Einkommen und Vermögen, damit alle genug und niemand viel zu viel hat). Beständiges Wachstum wäre nicht mehr nötig für den Erhalt einer stabilen Gesellschaft und würde auch nicht durchgängig durch wirtschaftliche Konkurrenz und Profitzwang, Konsumkultur und staatliche Abhängigkeiten (zum Beispiel der Sozialsysteme von niedriger Arbeitslosigkeit und hohen Steuereinnahmen) erzeugt werden. Es gibt viele Ideen, wie man zu einer solchen Gesellschaft gelangen kann, auch wenn sich das alles heute noch recht utopisch anhört. Dafür braucht es weitgehende politische Reformen, Maßnahmen wie Öko-Steuern und Regulierungen, massive Investitionen in erneuerbare Energien, Arbeitszeitverkürzungen, soziale Umverteilung, Demokratisierung der Wirtschaft, Reformen des Finanzsystems sowie andere gesellschaftliche Zielgrößen als das Wirtschaftswachstum. Um solche tiefgehenden Veränderungen durchzusetzen, ist jedoch eine starke Mobilisierung »von unten« gefragt, durch sogenannte Graswurzelbewegungen. Dies sind Initiativen, die Teile der neuen Welt bereits im Hier und Jetzt leben und politischen Wandel fordern, zum Beispiel Transition Towns[197] und solidarische Landwirtschaft[198] oder auch Bewegungen wie Fridays for Future, Sand im Getriebe und Ende Gelände. Es gibt also bereits viele Ideen sowie Praxiserfahrungen, und die Postwachstumsbewegung gedeiht auch in Deutschland.[199,200] Eine tiefergehende Diskussion solcher Ansätze füllt allerdings viele weitere Bücher, daher sei sie hier nur kurz angeschnitten.

All dies sind recht abstrakte Maßnahmen und Diskussionen. Wie würde es denn konkret aussehen, wenn wir uns eine klimagerechte Mobilität beispielsweise im Jahr 2030 vorstellen?

Eine Vision einer klimagerechten Mobilität für alle

Für uns wäre es eine Welt, in der alle Menschen die Möglichkeit und Zeit für langsames Reisen und echte zwischenmenschliche Begegnungen hätten. Mobilität wäre nicht mehr so massiv ungleich verteilt wie heute, sondern jede Person hätte Zugang zu genügend Mobilität. Dabei würde es jedoch demokratisch bestimmte Grenzen geben. Ein Mobilitätsverhalten wie von Bill Gates wäre nicht mehr möglich (→ Kapitel 2). Lokal würden die Menschen sich mit einem weit ausgebauten, bequemen und bezahlbaren öffentlichen Verkehrsnetz sowie zu Fuß und mit dem Fahrrad bewegen. Innenstädte wären autofrei, und die Fahrradinfrastruktur wäre stark ausgebaut. Ein gut funktionierendes Zugnetz mit regelmäßig fahrenden und günstigen Nachtzügen würde bequemes, sicheres und angenehmes Reisen für alle ermöglichen. Vielleicht würden einige Hochgeschwindigkeitszüge erhalten bleiben, sofern deren negative Effekte auf ein Minimum reduziert werden könnten. Allerdings hätten die meisten Menschen auch gar nicht mehr das dringende Bedürfnis, möglichst schnell von A nach B zu kommen, da das Erleben der Landschaften, die Gespräche und Aktivitäten während der Fahrt und das Fühlen der Distanzen im Vordergrund stünden. Neben den Zügen würden die Menschen vermehrt mit modernen und sicheren Segelschiffen die Meere überqueren und sich dafür viel Zeit nehmen können. Nicht nur wäre die durchschnittliche Arbeitswoche auf zwanzig Stunden reduziert, wobei das individuell auch unterschiedlich ausgelebt werden könnte, die Menschen könnten sich auch in regelmäßigen Abständen für längere Zeit freinehmen, beispielsweise im Rahmen sogenannter Sabbaticals, bezahlten Auszeiten von der Arbeit. Unsere Luft wäre sauber, und Fluglärm würde uns nicht mehr belasten.

Gäbe es denn überhaupt noch Flugzeuge? Ja, vielleicht könnten einige Flugzeuge mit alternativen Treibstoffen in der Luft gehalten werden. Aber wer würde diese nutzen dürfen? In einer gesamtgesellschaftlichen Diskussion würden wir Menschen das Vorrecht geben, für die Fliegen mehr als für andere eine Notwendigkeit ist. Wir würden einsehen, dass wir für Arbeitsplätze nicht die Zukunft und die Lebensgrundlagen einer großen Zahl von Menschen aufs Spiel setzen können. Es würden faire Alternativen geschaffen und ein gerechter Übergang erreicht werden. So würden all die Menschen, die in der Flugbranche tätig waren, neue, spannende Tätigkeiten ausüben können, mit denen sie ebenfalls ein erfülltes und gutes Leben führen würden. Abhängigkeiten von Tourismus wären Vergangenheit. Stattdessen würden lokale Wirtschaftskreisläufe aufgebaut werden, die sowohl Menschen als auch die Natur berücksichtigen und diese nicht als voneinander getrennt wahrnehmen.

Bei solch großen Veränderungen kann sich eine einzelne Person jedoch schnell verloren fühlen. So ergeht es zumindest uns sehr häufig. Wie bringen wir also all diese Erkenntnisse und Diskussionen in unseren Alltag? Was kann jeder Einzelne überhaupt tun? Und ist es ein Entweder-oder bezüglich individueller und politischer sowie systemischer Veränderungen?

Was ist die Rolle von Einzelpersonen, und wie kann jede zu einem Wandel beitragen?

Es ist zwar wichtig, zu Hause zu recyceln, weniger oder gar nicht Auto zu fahren, möglichst wenig Tierprodukte zu essen und nicht mehr oder sehr viel weniger zu fliegen. Aber es reicht in Anbetracht der großen Veränderungen, vor denen wir stehen, nicht aus, wenn wir einzig und allein isoliert als Einzelpersonen handeln.[201] Wenn wir uns aber umhören oder Zeitungen lesen, liegt hier oftmals die am meisten betonte Lösungsstrategie. Dabei kann es auch zu psychologischen Effekten kommen, wonach viele Menschen denken, dass damit ihr Beitrag zur Lösung des Problems erledigt sei oder sie sich nun sogar einen kleinen Freiraum für besonders CO_2-intensiven Konsum geschaffen hätten. Ganz nach dem Motto: Ich lebe ja vegan und »zero waste«, daher kann ich auch mal in die USA oder nach London zum Wochenendshopping jetten.[202] Andererseits kann die Arbeit am persönlichen Null-Emissions-Ziel so kraftraubend werden, dass keinerlei Energie mehr übrig bleibt beispielsweise für politisches Engagement.[203] Und dennoch lassen sich eher als systemisch oder als kollektiv beschriebene Aktionen nicht scharf von individuellen Handlungen trennen: Individuelle und systemische Veränderungen beeinflussen und verstärken sich gegenseitig in komplexen Wechselwirkungen.[204] Dies nicht zuletzt durch den Kulturwandel. Individuen sind nie isoliert, sondern immer eingebettet in soziale Beziehungen, was wiederum Einfluss und Verantwortung mit sich bringt.[205] Es gibt aber noch weitere Verbindungen. Persönliche Verhaltensänderungen sind zentral wichtig für die Glaubwürdigkeit der eigenen Kommunikation. Wenn wir also überzeugt sind, dass wir in einer tiefen Klima- und Ökosystemkrise stecken, dann sollte unser Verhalten signalisieren, dass wirklich dringend Veränderungen nötig sind und wir bereit sind, auch auf Dinge zu verzichten. Studien unterstützen dies und zeigen, dass Klimaforschende mit niedrigem CO_2-Fußabdruck eine höhere Glaubwürdigkeit genießen.[206] Der eigene CO_2-Fußabdruck beeinflusst auch, wie sehr die Zuhörenden politische Maßnahmen befürworten.[207] Zudem sind individuelle Handlungen häufig ein Eintrittspunkt in kollektives, systemisches Handeln – sie machen uns aktiver und mutiger, unseren Standpunkt, auch politisch, zu vertreten und andere zum Nachdenken sowie Handeln anzuregen. Zu guter Letzt bringen sie Menschen miteinander in Kontakt, auch durch all die Schwierigkeiten, die einem in unserem auf fossilen Brennstoffen basierenden Wachstumssystem begegnen. Man redet mit- und lernt voneinander, wie man mit möglichst geringem Klimaschaden ein gutes Leben führen kann, unter den unterschiedlichsten Umständen – eine kritische Bedingung für systemischen Wandel.[208,209]

Bis zum großen Systemwandel können wir nicht einfach weitermachen wie bisher und zuschauen, wie unsere Flugemissionen (oder auch Emissionen aus anderen Aktivitäten) steigen. Wir müssen, so gut es geht, in Übereinstimmung mit unseren politischen Überzeugungen leben und am Boden bleiben – vor allem diejenigen, die es sich leisten können und die eine Vorbildfunktion innehaben. Wir müssen uns ernsthaft die Frage stellen, was wir wirklich brauchen und wollen. Brauchen wir den Wochenendtrip nach London oder den Kurzurlaub auf Bali? Nicht zu fliegen spart nicht nur direkt

Emissionen ein, sondern bildet Druck, Fähigkeiten, Glaubwürdigkeit und Energien, um den nötigen politischen und systemischen Wandel voranzutreiben.

In diesem Kapitel haben wir jedoch versucht aufzuzeigen, dass dies alles andere als ausreichend ist und wir über persönliche Lebensstilveränderungen hinausgehen müssen. Das heißt nicht, dass wir alles auf einmal tun müssen, aber wir können uns verschiedene Dinge heraussuchen und diese dafür mit mehr Engagement und Fokus verfolgen, je nachdem, wo unsere Stärken und Vorlieben liegen. Wir können Nachbarschaftstreffen organisieren und mit den Menschen in unserem Umfeld über die Klimakrise reden, darüber, wie massiv unzureichend derzeitige Klimaschutzanstrengungen sind und dass wir wirklich fundamentale, systemische Veränderungen brauchen. Wir können uns gegen den Ausbau des lokalen Flughafens, der Kohlekraftwerke und -minen, Autobahnen und Pipelines einsetzen und dafür Gruppen beitreten, wie in Infobox 3 oder auch hier beschrieben.[210] Auch ziviler Ungehorsam kommt als Möglichkeit infrage.[211] Außerdem gibt es Initiativen, die sich für das Divestment, das Entziehen von Geld, von fossilen Brennstoffen und für den Ausbau von erneuerbaren Alternativen einsetzen. Wir können zudem Vertreterinnen und Vertreter in die Regierungen und Parlamente wählen, die für diese Ansichten eintreten und sie vorantreiben, und wir können diese dann unter Druck setzen, Ernst zu machen.

Zu guter Letzt ist neben individuellen Lebensstilveränderungen und politischem Engagement auch ein kollektives Aufbauen der Postwachstumsgesellschaft wichtig.[212,213] Wenn wir also persönliche Schritte kurz zusammenfassen, dann sieht das wie folgt aus:[214,215,216,217]

Bilde dich weiter, und hinterfrage alles.
So einfach es auch klingt: Die Voraussetzung für effektiven Klima-, Umwelt- und Menschenschutz sind eine gute Problemanalyse, eine darauf aufbauende Zielvorstellung und eine Idee, wie wir vom Hier und Jetzt dorthin kommen. Das erfordert eine Auseinandersetzung mit den Treibern der Klimakrise und den vielen Bewegungen und Lösungsideen, die es bereits gibt – man merkt schnell, dass man nicht alleine ist. Dabei gilt es, kritisch zu bleiben und alles zu hinterfragen. Kann Wirtschaftswachstum schnell genug vom CO_2-Ausstoß entkoppelt werden? Was sind die Gründe dafür und dagegen? Können wir ein gutes Leben ohne Vielfliegen, ohne Wachstum, ohne allgegenwärtigen Konkurrenzdruck führen? Wenn ja, wie kommen wir dahin? Was sind die Barrieren?

Teile mit anderen, was du lernst.
Große Veränderungen fangen im Kleinen an. Zum Beispiel bei einem guten Gespräch oder einer Diskussion unter Freunden, in der Familie oder auch mit Fremden in der Straßenbahn und in sozialen Medien. All das trägt nicht nur zu einem Kulturwandel bei, sondern hilft auch, die eigenen Positionen zu hinterfragen und sein Gegenüber zu ermutigen, das Gleiche zu tun. Aus Erfahrung haben wir gelernt, dass es gut ist, verständnisvoll und nicht negativ wertend aufzutreten.

Wasser predigen und Wasser trinken.
Wie beschrieben sind persönliche Handlungen im Einklang mit der eigenen Überzeugung ein wichtiger Startpunkt und zentraler Bestandteil jeden politischen und kulturellen Wan-

dels: weniger fliegen, Auto fahren und Tierprodukte essen, generell weniger konsumieren, teilen, was man hat, und noch vieles mehr. Allerdings ist dabei nicht zu vergessen, dass dies Grenzen hat und jedem Menschen andere Möglichkeiten offenstehen. Daher braucht es dringend strukturelle Veränderungen, worauf der nächste Punkt eingeht.

Fange im Hier und Jetzt an, die neue Welt zu bauen, und werde Teil der Bewegung.
Der wahrscheinlich wichtigste Punkt ist, sich mit anderen zusammenzutun und gemeinsam anzufangen, die neuen Strukturen im Hier und Jetzt aufzubauen. Da die Voraussetzungen dafür von Ort zu Ort unterschiedlich sind, sind auch die ersten Schritte in diese Richtung überall unterschiedlich. Möglich sind zum Beispiel die Gründung von Transition Towns, einer Kooperative, die spezifische, lokale Bedürfnisse adressiert, oder die Unterstützung lokaler Nahrungs- und Food-Sharing-Initiativen. Gleichzeitig ist politisches Engagement zentral, auch um Barrieren der zuvor genannten Initiativen zu beseitigen. Hier sind beispielhaft die Divestment-Bewegung oder Gruppen wie Fridays for Future, Extinction Rebellion, Ende Gelände, Flugprotestgruppierungen wie der Flugstreik in der Schweiz oder Am Boden Bleiben in Deutschland sowie Stay Grounded im internationalen Bereich und schließlich auch politische Parteien zu nennen.

Während all diese Gedanken in unserem Kopf herumschwirren, blicken wir noch immer auf die Flugzeuge, die ein Stück weit vor uns im Minutentakt starten und landen, und die riesigen Kräne laden weiterhin Container aus und ein. Wir fühlen uns angesichts dieser massiven fossilen Infrastrukturen ganz schön machtlos.

In diesem Moment klingelt das Telefon auf der Brücke. Wir hatten dem Ersten Offizier Bescheid gegeben, dass wir hier oben sind. Wir werden ins Schiffsbüro zitiert. Dort sitzen wir wenige Minuten später mit dem Kapitän und zwei grauen alten Herren der australischen Immigrationsbehörde. Wir müssen nicht nur ein paar Formulare ausfüllen und mehrmals versichern, dass wir auch ja keine Früchte oder Kräuter ins Land einführen. Wir werden regelrecht verhört, müssen Fragen wie »Wieso seid ihr nach Australien gekommen?«, »Wo werdet ihr arbeiten wollen?« und »Wieso seid ihr mit einem Frachtschiff gereist?« beantworten. Irgendwann werden die Papiere gestempelt, die beiden Männer verabschieden sich und erinnern uns nochmals, dass wir nur über unser Visum arbeiten sollten und uns auf gar keinen Fall schwarz anstellen lassen dürfen. Als die beiden Beamten weg sind, dreht sich der Kapitän zu uns und meint, dass wir nun »frei« seien. Nach einer kurzen Verabschiedungsrunde auf dem Deck und in den verschiedenen Arbeitsräumen und dem Austausch von persönlichen Kontaktdaten tragen wir uns aus dem Logbuch aus. Wir umarmen nochmals die Crewmitglieder, besonders Lukas und Uwe sowie Bayani, Nimuel und Toni, und steigen schließlich die schmale, lange Gangway hinab. Das erste Mal seit zwei Wochen setzen wir unsere Füße auf Festland. Das erste Mal in unserem Leben auf australisches.

Ein Mitarbeiter des Hafens begrüßt uns unten, lässt uns in

sein Auto steigen und verwickelt uns gleich in ein Gespräch. Er ist sehr fröhlich und neugierig und will wissen, ob wir eine gute Reise hatten, ob das unsere erste Frachtschiffreise war und woher wir eigentlich kommen. Wir fragen ein bisschen zurück, wollen ihn allerdings nicht von der Arbeit abhalten. Das scheint ihn nicht wirklich zu stören: Der junge, sympathische Mann holt weit aus und erzählt uns, wo er aufgewachsen ist und wie toll das Leben in Brisbane doch sei. Er ruft für uns gleich noch seinen Kollegen der Seemannsmission an, der uns am Hafen abholen wird. Das Klischee der überaus freundlichen und geschwätzigen Menschen in Australien bestätigt sich schon mit dieser ersten Begegnung – die Immigrationsbeamten zählen wir mal nicht dazu.

So ähnlich geht der Tag auch weiter. Unsere nächste Bekanntschaft ist der Mitarbeiter der Seemannsmission, der uns am Hafen abholt und in die Seemannsmissionsstätte bringt. Dort versammeln wir uns mit etlichen Seemännern, und all unsere Bedürfnisse werden abgefragt. Die meisten wollen in ein nahe gelegenes Einkaufszentrum, um dort ein paar Besorgungen zu machen, bevor sie wieder lange nur auf See sind. Andere brauchen nur eine neue Zahnbürste und finden diese auch in dem kleinen Laden in der Stätte. Wir wollen zur nächstgelegenen Zugstation. Es wird deutlich, dass wir mit unserem Wunsch nicht so ganz zu den Bedürfnissen der Seemänner passen, aber auf dem Weg zum Einkaufszentrum liegt die Zugstation dennoch. Wir quetschen uns alle in einen kleinen Bus, und nach zehn Minuten sind wir bereits am Ziel, nun ja, am Zwischenziel. Wir verabschieden uns von all den Männern und steigen in eine regionale S-Bahn um, die uns in die Innenstadt fährt. Bereits aus dem Zugfenster heraus verlieben wir uns in die üppige Vegetation, die prächtigen Blumen und die farbigen Vögel.

Zugleich ist es ein seltsames Gefühl, nun hier zu sein. Alles ist so anders und dennoch so ähnlich, wie wir es von zu Hause gewöhnt sind. Wir gehen zu der Adresse, die Rosa und Franz uns geschickt haben. Ein kleines Apartment, das sie für eine Woche lang gemietet haben. Rosa, Franz und ihr süßer, vier Monate alter Sohn Max wohnen eigentlich in Sydney, wohin sie erst kürzlich gezogen sind. In Brisbane sind sie zu einer wichtigen Feier eingeladen: Rosas Onkel feiert seinen sechzigsten Geburtstag. Was für ein schöner Zufall, dass diese Feier und unsere Ankunft so gut zusammenpassen. Angekommen bei der Mini-Wohnung, sind wir uns ganz sicher, dass wir richtig sind. Ein hübsch gestaltetes »Herzlich willkommen in Australien«-Schild hängt an der Tür. Wir klopfen leise, weil Max vielleicht gerade ein Nickerchen machen könnte. Doch dem ist nicht so: Fröhlich öffnet Rosa mit Max im Arm die Tür.

Waren wir nicht gerade eben noch alle in Zürich, saßen auf dem Sofa in Giulias Wohnzimmer und haben Tee getrunken? Gemeinsam mit Rosa, Franz und Max verbringen wir prall gefüllte Tage und lernen Brisbane und die Umgebung kennen. Molukkenibisse – große weiße Vögel mit sehr langen, krummen Schnäbeln – verblüffen uns, denn sie spazieren einfach zwischen den Autos und Menschen auf den Straßen und mitten in der Stadt umher. Ganz schön frech klauen sie auch mal unser Picknick. Natürlich lassen wir uns das gerade stattfindende »Naidoc«-Musik- und Kunst-Festival nicht entgehen. Naidoc steht für National Aborigines and Islanders Day Observance Committee, eine Gruppierung also, die sich mit Themen der indigenen Menschen auseinandersetzt. Auf dem Festival gibt es indigene Musik und Tanz und viele Workshops, wo wir Handwerke der indigenen Bevölkerung Australiens kennenlernen. Wir flechten kleine Körbe aus eingefärbtem Naturbast. Nun ja, Körbchen sind es schlussendlich nicht wirklich geworden, eher winzige Schälchen. Vom Mount Coot-tha aus bestaunen wir die Stadt von oben, am Brisbane River grillen wir an einem der öffentlichen Elektrogrills, wir lernen die Süße eines Zimtapfels kennen und lachen zum ersten Mal mit einem Kookaburra oder Jägerlieste, dessen Rufe amüsiertem Gelächter ähneln.

Die Woche vergeht im Nu, und schon sitzen wir wieder zu fünft im Zug Richtung Sydney. Obwohl die Strecke zwischen Brisbane und Sydney im Vergleich zur Größe Australiens eher kurz ist, dauert die Fahrt dennoch fast fünfzehn Stunden. Viel Zeit also, um die in einem Monat bevorstehende Hochzeit zu besprechen! Schließlich müssen wir an die Kleider, Frisuren, Blumen, Reden, Spiele, Farbkonzepte, die Musikband und DJs, Einkaufen, Kochen und vieles mehr denken. Die Hochzeit wird nämlich wie geplant im Ruderclub stattfinden, jenem Ort, der Rosa und Franz verbindet.

Doch so ein Ruderclub braucht auch ganz schön viel Arbeit, um eine Hochzeitsatmosphäre auszustrahlen. Zudem planen wir, den ganzen Hochzeitsschmaus selbst zu kochen, und das für mehr als achtzig Personen! Mit so viel Gesprächsstoff und jeweils vier verschiedenen Meinungen, Perspektiven und Wünschen vergehen fünfzehn Stunden im Nu. Am späteren Abend fahren wir langsam in Sydney ein, wir sind glücklich, erleichtert und auch etwas müde: endlich geschafft!

Hochzeitsvorbereitungen und das Einleben und Kennenlernen der Riesenmetropole prägen unseren ersten Monat in Sydney. Wir sind dankbar, die ersten Wochen bei Rosas Eltern wohnen zu können, doch schon bald suchen wir uns ein Zuhause, eröffnen Bankkonten, lernen, wie der öffentliche Nahverkehr funktioniert, und versuchen uns zu orientieren. Wir lernen die wichtigsten Gebrauchtwaren-Onlineplattformen kennen, wo Lorenz sich schnell mal ein Fahrrad ergattert. Ganz so leicht ist dieser erste Monat nicht. Vieles ist komplizierter und schwieriger als erwartet – so etwa, eine Arbeitsstelle zu finden. Wirklich mobil sind wir in dieser großen Stadt mit überteuertem öffentlichem Verkehr und schlechter Fahrradinfrastruktur nicht. Immer wieder fragen wir uns, was wir hier wohl ein Jahr lang machen können. Wir fühlen uns oft auch etwas perspektivlos. Für Lorenz ist allerdings klar, dass er hier seine Bachelorarbeit schreiben kann.

Die Hochzeitsvorbereitungen bieten eine gute Ablenkung von all den Anfangsschwierigkeiten. Wie kleine Puzzlestücke nimmt die Hochzeit langsam Form an. Musikstudierende sind für die Livemusik engagiert, edle weiße Stuhlbezüge für die blauen Plastikstühle bestellt, das Kochen des Hochzeitsmenüs ist geplant und auf viele Personen aufgeteilt, die Kleider sind organisiert und aufeinander abgestimmt. Sogar der weiße Body von Max ist mit Röschen, natürlich passend zum Farbkonzept, von Giulia bestickt.

Und plötzlich ist der große Tag da! Wir sind alle nervös, aber Rosa und Franz sind es wohl am meisten. Die Trauung findet auf dem Steg des Ruderclubs statt. Die Gäste sind alle schon eingetrudelt, während Franz mit seinen beiden Trauzeugen – seinem Bruder und seiner Schwester – gemeinsam mit der Standesbeamtin vorne steht. Alle drehen sich um und halten Ausschau nach der Braut. Und schon werden die Gäste das erste Mal überrascht. Statt von Land zu kommen, fährt die Brautgesellschaft – Rosa, ihre Eltern, die erste Trauzeugin Giulia und der zweite Trauzeuge, Rosas Bruder – mit zwei kleinen Motorbooten herbei. Da staunen die Gäste nicht schlecht!

Die Zeremonie wird begleitet von persönlichen Erzählungen zu Rosas und Franz' Liebesgeschichte und dem Vorlesen von romantischen und tiefgehenden Zitaten über das Leben in einer Ehe. Schon bald kommt es zum großen Moment: dem Ja-Wort, dem Ringtausch und natürlich dem obligatorischen Kuss der frisch Vermählten. Dann werden noch die Formalitäten geklärt und die Papiere unterschrieben.

Stolz und glücklich geht es nun zur Feier über. Es wird geweint und gelacht, gegessen, geredet und getanzt. Stunden später, als sich die meisten Gäste verabschiedet haben, setzen wir uns zu viert auf den Balkon des Ruderclubs, während Max in seinem Kinderwagen schläft. Lorenz hat mit einem Nagel und Hammer Löcher in Blechbüchsen gestanzt, die Herzen bilden. Die Büchsen erhellen wir mit kleinen Teelichtern, die die Herzen romantisch durchschimmern lassen. »Na, ihr beiden, wie fühlt ihr euch?«, fragt Lorenz.

Rosa und Franz sehen sich an und antworten im Kanon: »Sehr glücklich.« Nach einer kleinen Pause fügt Franz hinzu: »Es ist wirklich alles ideal gelaufen! Wie am Schnürchen.«

Rosa stimmt ihm zu und meint noch: »Die Reden waren wirklich sehr berührend. Aber jetzt bin ich erst mal froh, wenn etwas Ruhe einkehrt.« Wir tauschen uns noch ein wenig aus, doch bald schon verschwinden die beiden frisch Vermählten in der Küche. Ihre Hochzeitsnacht verbringen sie mit Abwaschen und wollen keinerlei Hilfe annehmen.

»Und dir?«, fragt Lorenz Giulia. »Geht's dir auch gut?«

»Ja«, sagt Giulia und wirkt erleichtert. »Es war eine lange Reise für diese heutige Feier.«

»Das war sie in der Tat. Weit und unglaublich inspirierend.«

Wir sitzen in der kühlen Nacht auf dem Balkon des Ruderclubs und lassen die Stationen der Reise nochmals in unseren Gedanken aufleben. Wie viele Landschaften und Kulturen wir kennenlernen durften. Wir haben es geschafft. Wir sind tatsächlich ohne Flugzeug nach Australien gereist. Die schönste Erfahrung für uns war, all diesen wunderbaren, hilfsbereiten Menschen auf der ganzen Welt zu begegnen. Eine Erfahrung, die uns für die Zukunft viel Hoffnung schenkt.

Epilog

Der Nebel steigt langsam über den goldenen Baumkronen empor. Krächzende Raben haben es sich dort oben gemütlich gemacht. Das Laub raschelt unter unseren Füßen. Eingepackt in unseren warmen Jacken, spazieren wir durch den dichten Wald. Wir haben den Herbst gar nicht kommen sehen, plötzlich war er einfach da. Genau so, wie auch wir plötzlich wieder in Zürich waren. Im August sind wir zurückgekommen, nach mehr als einem Jahr. Schnell haben wir wieder in einen Alltagsrhythmus gefunden, der dem vorigen sehr ähnlich ist: Wir sind im Studium eingebunden und bei der einen oder anderen Organisation engagiert, und wir beschäftigen uns mit unserer Reise, diesmal einfach nur rückblickend durch das Schreiben dieses Buches. Manchmal ertappen wir uns dabei, wie wir uns, ganz wie in Australien, in einem Geschäft in ein langes Gespräch verwickeln lassen oder beim Betrachten der Vögel an die Papageien zurückdenken. Wir erzählen unseren Familien und Freunden von all den wunderbaren Menschen, denen wir in diesem Jahr begegnet sind, und geben ein paar gruselige australische Anekdoten, wie die von Hunderten kleiner Spinnen in unserem Zimmer oder den riesigen Kakerlaken in unserer Küche zum Besten. Das erste Mal, als wir eine etwa fünf Zentimeter lange Kakerlake in unserer Küche sahen, putzten wir danach alles blitzblank. Wir räumten sämtliche Schränke aus und wischten alles sauber. Doch das brachte herzlich wenig, tags darauf bekamen wir schon wieder Besuch. Wir mussten uns einfach mit den Tieren anfreunden. So gewöhnten wir uns an all die Insekten und Spinnen, die einfach ein Teil von Australien sind. Kleiner Tipp: Wenn man den Krabbeltieren einen Namen gibt, wirken sie gleich sympathischer.

Die Tier- und Pflanzenwelt in Australien war für uns einmalig: so etwa die schlaksigen Kängurus, die uns auf Zugfahrten hüpfend begleiteten, die »faulen« Koalas, die einfach in den Bäumen hingen, die farbigen und fröhlich singenden Vögel, die wir nicht nur in wilder Natur beobachten konnten, sondern die uns täglich vor unserem Fenster besuchten, ganz zu schweigen von Walen im Meer, von denen wir zwei Mal eine Flosse erblicken konnten. Dazu die nach Honig riechenden Blumen, Bäume mit roten Pfeifenputzerblüten und die strahlende Goldakazie.

Als wir mit unserer Wohngemeinschaft zelten gingen, staunten Giulia und die Tochter unseres Mitbewohners nicht schlecht. Die beiden lagen nebeneinander auf Strandtüchern, als es hinter ihnen raschelte. Ganz automatisch drehten sie sich um – und sahen eine eineinhalb Meter lange Echse hinter sich stehen. Die beiden sprangen auf und kreischten so laut, dass der Waran sich vor Schreck auf einen Baum flüchtete. Das arme Tier!

Es macht uns also umso trauriger, in den letzten Tagen von 2019 davon zu lesen, dass diese mit vielfältigstem Leben erfüllten Ökosysteme in Flammen stehen. Großflächige und starke Waldbrände, angeheizt durch die Klimakrise.

Nun klingen diese Erzählungen fast so, als hätten wir in Australien nur Urlaub gemacht. Das war genau für drei Wochen der Fall. In der restlichen Zeit waren wir für Arbeiten und Praktika für die Uni eingespannt. Giulia hatte zudem noch einen Job als Babysitterin. Nun ja, Babys waren es nicht mehr wirklich, sondern zwei Geschwister im Grundschulalter. Aber schließlich gab es da ja noch Max, das Baby von Rosa und Franz, den wir auch ab und zu gehütet haben, in den Park ausführen durften und in unser Herz geschlossen haben. Wir waren fasziniert, wie schnell sich so ein kleiner Mensch entwickelt, jeden Tag hat er was Neues gelernt.

Auch unser politisches Engagement hörte in Australien nicht auf. Giulia fand schnell eine lokale Gruppe, die sich für den sozial-ökologischen Wandel einsetzte. Sie betrieben einen Gemeinschaftsgarten, organisierten Filmabende und Vorträge und halfen am Samstagmorgen am Wochenmarkt, Fahrräder zu reparieren. Hier organisierten wir eine Lesegruppe zum Thema Postwachstum. Nebenher traten wir einer kleinen, lokalen Essenskooperative bei, bestellten wöchentlich eine Gemüse- und Früchtebox und halfen auch gleich beim Packen der Boxen mit. Wir ließen uns wöchentlich von saisonalem Gemüse und Früchten überraschen und lernten die unbekannte Süße von Mangos, Zimtäpfeln oder Mangostanen zu schätzen. Auch Früchte, die wir bereits aus Europa kannten, schmeckten in Australien viel süßer und waren eine oder gleich mehrere Nummern größer, wie etwa die leckeren fleischigen Kirschen. Auch bei anderen Umwelt-Organisationen schauten wir vorbei und merkten schnell: Ganz ähnliche Themen wie in Europa werden in Australien um ein Vielfaches emotionaler, direkter und frecher angegangen. Bei Demonstrationen und Reden werden Schuldige gern mit einem »Schämt euch!« bedacht, so etwa bei den großen »Stop Adani!«-Demonstrationen, an denen wir regelmäßig teilnahmen. Adani ist ein multinationaler Kohlekonzern, der im Carmichael-Gebiet in Queensland eine riesige Kohlemine eröffnen will. Dies wäre die größte Mine der Welt und würde jährlich ähnlich viele Emissionen wie Belgien produzieren. Ein absolutes No-Go in Zeiten der Klimakrise, weswegen sich ein breiter Widerstand dagegen formiert hat.

Eine weitere intensive Demo-Erfahrung war die Teilnahme am Day of Mourning – dem Tag der Trauer, auch genannt Survival Day – dem Tag des Überlebens – oder Invasion Day – Tag der Invasion. Dieser Tag markiert den Moment, als 1788 die britische Flotte auf dem Land der indigenen Eora-Nation (heute Sydney) anlandete und die britische Flagge hisste. Für große Teile der indigenen Bevölkerung Australiens begann mit diesem Tag die Geschichte von unvorstellbarem Leid, Genozid, Unterdrückung, Versklavung und Vertreibung, nahezu das Ende einer über 60 000 Jahre alten Zivilisation und Kultur. Es ist wirklich kaum zu glauben, aber trotz dieser Tatsachen wird der Tag noch heute am 26. Januar festlich als Nationalfeiertag mit riesigem Feuerwerk, Gesängen, Musik und Tanz begangen, während überall australische Flaggen gehisst werden. Deshalb wird regelmäßig eine Gegendemonstration organisiert, um auf die (noch immer andauernde) schmerzhafte Geschichte aufmerksam zu machen. Wir beide haben noch nie so viel geballte Energie, so viel Wut, Trauer und Schmerz auf einem Haufen erlebt. Pro-indigene Rufe wie »*Always was, always will be – Aboriginal Land!*« und »*Sovereignty – never ceded!*« erfüllten die Luft, Zehntausende Menschen waren gekommen.

Auch wenn uns anfänglich ein Jahr Australien unheimlich lang erschien, verflog die Zeit schlussendlich wie im Nu. Irgendwann kam der Tag, an dem wir uns wieder auf unseren langen Heimweg begaben. Das Abschiednehmen fiel uns nicht leicht, wir hatten viele neue Freundschaften geschlossen und die fröhliche und leichte Art der Menschen in Australien sehr zu schätzen gelernt. Vor allem aber war es für uns schwer, Rosa, Franz und Max Tschüss zu sagen. Doch wir vermissten auch unsere Familien und Freunde in Zürich und wollten beide unser Studium abschließen. Es ging dann ganz ähnlich zurück nach Hause, wie wir hergekommen waren. Ähnlich und trotzdem ganz einzigartig mit spannenden Begegnungen und Eindrücken. Nach langem Hin und Her und ein paar Absagen von Skippern von Segelbooten stiegen wir schließlich wieder auf ein Frachtschiff. Diesmal war noch eine weitere Passagierin mit dabei: die mutige Alison, die die Welt seit mehreren Jahren mit ihrem Fahrrad bereist und ebenfalls das Fliegen möglichst vermeidet. Wir verbrachten wie beim ersten Mal eine wirklich schöne Zeit an Bord, mit vielen guten Gesprächen mit der Crew und Alison, gemeinsamen Spielen und Filmen, viel Lesen, Arbeiten und gutem Essen. Leider durften wir dieses Mal nicht in der Küche helfen, und überhaupt waren die Regeln deutlich strenger, was uns aber nicht davon abhielt, Freunde zu finden und den Geschichten der Crewmitglieder zu lauschen. Ein Großteil kam aus Sri Lanka und erzählte uns von ihren Familien und Geliebten, von den dortigen Konflikten und Traditionen, aber auch von teils rassistischen Auseinandersetzungen an Bord. Diesmal ging es mit dem Schiff hoch nach Japan. Dort erwartete uns wohl der größte Kulturschock der gesamten

Reise. Einerseits empfanden wir Teile der Kultur als sehr bereichernd, spirituell wie ästhetisch, andererseits erschienen uns die unglaublich starke und disziplinierte Arbeitskultur sowie die Stellung der Frau in der Gesellschaft als sehr problematisch. Zudem war nur Lorenz ein Fan japanischer kulinarischer Tradition, vegane oder vegetarische Ernährung war nicht einfach und häufig unmöglich, und diese Algen, die Giulia gar nicht ausstehen kann, haben es einfach in jedes Gericht geschafft. Es waren definitiv zwei spannende Wochen!

Anschließend ging es mit einer Fähre nach Wladiwostok mit Zwischenstopp und Mittagessen in Südkorea. In Wladiwostok gab es dann endlich wieder etwas Leckeres zu Essen, nach zwei Wochen weißem Reis in Japan und ziemlich untrinkbarem Kaffee. Doch von langer Dauer war unser Halt in Wladiwostok nicht, es ging ab in den Zug – quer durch Russland bis nach Moskau, mit einem kleinen Zwischenstopp in Ulan-Ude. Wieder trafen wir einige wundervolle Menschen im Zug, unter anderem Alin, einen vierzehnjährigen Jungen. Englisch hatte er sich selbst beigebracht, und nun reiste er alleine drei Tage lang zu seinen Großeltern in die Ferien, überhäufte uns mit Süßigkeiten und machte uns Cappuccino. Alin war es auch, der uns einer anderen großen Reisegruppe vorstellte, und ehe wir uns versahen, saßen wir mit über zehn Leuten dicht gedrängt in einem Abteil und versuchten, russische Lieder mitzusingen, begleitet von Gitarrenmusik. Am Fenster zogen beim Sonnenuntergang die schönsten Landschaften vorbei. Es war ein magischer Moment mit viel Gelächter und Zeichensprache. Immer wieder sind wir fasziniert, wie sich die Menschen doch verstehen, ohne sich verständigen zu können. Wir wurden überhäuft mit Gastfreundschaft, die Reisegruppe lud uns ein, sie zu ihren Paddelferien am Baikalsee zu begleiten, was leider nicht mit unseren Zugverbindungen vereinbar war.

Dann saßen wir mit zwei Frauen im Abteil, die ein wahres Festmahl auftischten und uns gleich mit fütterten. Wir fühlten uns wie auf einer Zugfahrt durch das Schlaraffenland. Vom Zug aus sahen wir die von enormen Starkniederschlägen zerstörten Häuser vieler Menschen nahe dem Baikalsee sowie die Rauchschwaden der massiven Waldbrände in Sibirien – beide erinnerten sie uns wieder daran, dass die Klimakrise für etliche Menschen längst schmerzliche Realität ist.

In Moskau legten wir eine kleine Pause ein, bevor es dann weiter nach Riga in Lettland ging. Die Wahl der vierten Klasse im Nachtzug bereuten wir allerdings sehr. So unbequem waren wir beide noch nie gereist, ohne Klimaanlage bei rund fünfunddreißig Grad, ohne jegliche Sitzpolsterung, mit teilweise neun Menschen pro Abteil und somit ohne richtige Schlafmöglichkeit.

Schließlich ging es über Warschau nach Berlin. Wie komisch es doch war, plötzlich die deutsche Sprache um uns zu hören. Und dann kam es endlich wieder zu dem lang ersehnten Wiedersehen mit unseren Familien. Es war ein wunderschöner Empfang mit Freudentränen auf allen Seiten. Wir können es kaum glauben, dass wir wirklich am Ziel sind und es geschafft haben: ohne Flugzeug um die halbe Welt.

Rückblickend sind wir noch immer glücklich, dass wir diese große Reise auf uns genommen haben und nicht einfach geflogen oder zu Hause geblieben sind. Unser Geld hätte nicht nur die Flugindustrie unterstützt, unser Klima erhitzt, kulturellen Wandel gehemmt und direkt zu Flughafenerweiterungen und noch mehr Ölexplorationen beigetragen. Wir wären auch so vielen lieben Menschen nie begegnet und hätten all unsere neuen Freunde nicht gefunden. Wir hätten nie mit russischen Soldaten über Weltpolitik diskutiert oder russische Volkslieder beim Sonnenuntergang gesungen, hätten diese gigantischen Distanzen nie so intensiv gespürt, wären nie am Baikalsee in blühender Natur gewandert, hätten niemals mit Lukas und Uwe auf dem weiten Meer Sterne geschossen oder mit Bayani und Nimuel Tiramisu und Kartoffelsalat zubereitet. Und zu guter Letzt wären wir nicht so lange in Australien geblieben und hätten dieses faszinierende Land und seine Bewohner nie in dieser Tiefe und Vielfalt kennengelernt. Für all das mussten wir einigen Aufwand betreiben und Hürden überwinden. Aber es hat sich gelohnt! Die Reise hat Verwandten und Freunden die Dringlichkeit der Klimakrise vor Augen geführt und sie dazu angeregt, selbst aktiv zu werden. Und sie hat uns gezeigt, dass »weniger« und »langsamer« wirklich viel »mehr« sein kann. Wir haben gelernt, wie wir mit Grenzen kreativ umgehen können und daraus eine neue, intensive Herausforderung entsteht, die uns am Ende auf vielfältigste Art bereichert. Für die Zukunft wünschen wir uns, dass klimafreundliches, langsames Reisen für alle und besonders für diejenigen, die es am dringendsten benötigen, leichter wird, und unsere Lebensgrundlagen geschützt werden. Das Lösen der Klimakrise benötigt tiefgreifende Handlungen im Hier und Jetzt, auf allen Ebenen, auch jenseits des Wachstumsparadigmas. Lasst uns das gemeinsam angehen und nicht nur den Wandel vorleben, den wir sehen wollen, sondern auch politisch dafür einstehen. Auf geht's!

Danksagung

An der Entstehung dieses Buches war eine Vielzahl von Personen beteiligt, denen wir an dieser Stelle von Herzen danken möchten.

Ein großer Dank geht an den Bastei Lübbe Verlag und insbesondere an Susanne Haffner, die unseren Schreibprozess begleitet hat und uns stets Mut machte, etwas frecher zu sein. Herzlichen Dank auch an unsere Redakteurin Angela Kuepper, die uns im Endspurt mit unglaublich viel Humor, Energie und Wortgewandtheit zur Seite stand, sowie an alle weiteren beteiligten Personen vom Design zum Vertrieb bis hin zum Korrektorat.

Ein herzliches Dankeschön geht auch an Laura Weber von der Rauchzeichenagentur. Sie ist die Impulsgeberin dieses Buches. Als sie unseren Beitrag im Deutschlandfunk Nova hörte, dachte sie: Das wäre ein schönes Buch! Danke für die Beantwortung all unserer vielen Fragen und die gute Starthilfe. An dieser Stelle möchten wir uns auch herzlich bei Jonathan Metz, Lorenz' Cousin, bedanken, der uns am Anfang sehr dabei geholfen hat, beim Vertragsdickicht durchzublicken.

Ein großer Dank geht an Matthias Schmelzer, der unter anderem bei der Initiative Am Boden bleiben mitwirkt. Matthias Schmelzer hat unsere Texte nicht nur inhaltlich Korrektur gelesen, sondern auch viele hilfreiche Anhaltspunkte, Erweiterungen und neue Blickwinkel gegeben. Danke auch an dieser Stelle an Anne Kretzschmar vom Netzwerk Stay Grounded.

Lieben Dank auch an unsere Freundin Viktoria Cologna, die Teile unserer Texte Korrektur gelesen und wichtige Anmerkungen gemacht hat. Danke auch an Miro Meyer und Jan Engler für das Lesen verschiedener Textstellen.

Ein Dankeschön geht auch an Adelina Ismaili, die mit uns einen Nachmittag im Wald verbrachte und trotz des uns umgebenden Mückenschwarms wunderschöne Fotos geschossen hat (wir waren danach alle ziemlich zerstochen). Ebenso an Sebastian James Woodhouse und Daniel Maximilian Timken, unsere Hostelzimmergenossen in Brisbane, die das Buchcoverfoto aufgenommen haben.

Ein lieber Dank geht natürlich auch an Rosa Brown, Franz und Max Gravenhorst, ohne die diese Reise und damit diese Geschichte nie entstanden wäre! Danke für eure wertvolle Freundschaft – wir vermissen euch!

Und schließlich liebsten Dank an Bettine, Charlotte und Gernot Keyßer und Monika und Sara Fontana. Danke fürs intensive Korrekturlesen, fürs Mutmachen und danke, dass ihr uns stets bekräftigt habt sowie hinter unseren Ideen und Plänen standet.

Der Erlös, der uns aus dem Buchverkauf zukommt, wird zu 80 Prozent in gleichen Teilen an Stay Grounded, Am Boden bleiben sowie an das Konzeptwerk Neue Ökonomie gespendet. Die ersten beiden Organisationen setzen sich für eine Reduktion des Flugverkehrs sowie eine nachhaltige Mobilität für alle ein. Das Konzeptwerk Neue Ökonomie hingegen widmet sich dem Entwurf einer neuen Wirtschaft, die ein gutes Leben für alle innerhalb der planetaren Grenzen ermöglicht.

Stay Grounded ist ein globales Netzwerk, das an der Reduktion des Flugverkehrs sowie dessen negativen Effekten arbeitet und gleichzeitig ein Mobilitätssystem fördert, das planetare Grenzen beachtet und eine lebenswerte Zukunft für uns und zukünftige Generationen sicherstellt. Dafür tauschen sich verschiedene Initiativen, NGOs, Gewerkschaften und auch Menschen aus der Wissenschaft aus und unterstützen sich gegenseitig. Stay Grounded fasst unter anderem gesichertes wissenschaftliches Wissen in Reports zusammen und führt eine Flughafenkonfliktkarte.

Am Boden bleiben ist eine Gruppe in Deutschland, die sich für die Reduktion des Flugverkehrs einsetzt sowie gegen Scheinlösungen und Greenwashing der Luftfahrtindustrie aufsteht. Durch Öffentlichkeitsarbeit, Bildung und Aktionen macht sie auf diese Themen aufmerksam. Am Boden bleiben ist Teil des globalen Netzwerkes Stay Grounded.

Das Konzeptwerk Neue Ökonomie ist ein unabhängiger, gemeinnütziger Verein, der an einer sozial-ökologischen Transformation der Wirtschaft arbeitet: Eine Wirtschaft, die für alle ein gutes Leben ermöglicht. Dafür wird an verschiedenen Themen inhaltlich gearbeitet, Publikationen und Bücher veröffentlicht und Veranstaltungen, Konferenzen und Sommerschulen organisiert.

Anhang

Buchtipps und Informationsseiten

Mittlerweile gibt es viel Literatur, die sich der Flugproblematik oder auch dem flugfreien Reisen widmet. Im Folgenden haben wir eine kleine, nicht repräsentative Auswahl an Literatur und Informationsseiten zusammengestellt, die für uns sehr hilfreich waren. Sie können als Anhaltspunkte für eine weitere Auseinandersetzung dienen. Wir möchten jedoch dazu ermutigen, sich nicht auf diese Ressourcen zu beschränken, sondern selbst je nach Bedürfnis zu recherchieren.

Inhaltliche Auseinandersetzung mit der Flugproblematik
Sowohl das Netzwerk Stay Grounded (stay-grounded.org) als auch die Initiative Am Boden bleiben (ambodenbleiben.de) bieten auf ihren Webseiten viel Literatur an. Sehr empfehlenswert sind die Reports »Grünes Fliegen. Gibt es das?« und »Degrowth of Aviation«. Weiter bietet das Buch »Beyond Flying. Rethinking Air Travel in a Globally Connected World« von Chris Watson eine gute Auseinandersetzung mit dem Thema.

Inspiration zum flugfreien Reisen
Es gibt eine ganze Reihe an Büchern, Blogs und Filmen von Menschen, die ohne Flugzeug gereist sind, dafür aber per Anhalter, mit dem Fahrrad oder mit ganz unterschiedlichen

Transportmitteln. Solche Erfahrungsberichte machen Mut und inspirieren zugleich. Insbesondere können wir den Film »WEIT. Die Geschichte von einem Weg um die Welt« von Gwendolin Weisser und Patrick Allgaier empfehlen, sowie ihr wunderschönes Reisemagazin. Oder auch die aufregende Reise von Christopher Schacht, der mit nur 50 Euro loszog: »Mit 50 Euro um die Welt«.

Praktische Tipps für die Reiseplanung
In Reiseführern haben wir viele wertvolle Informationen und praktische Tipps zu den von uns bereisten Routen gefunden. Dafür braucht ihr nicht unbedingt einen Stapel Bücher zu kaufen. Wir haben viel in unseren Familienkreisen und bei Freunden nachgefragt oder sind in die Bibliothek gegangen. Aber ihr findet auch online sehr viele Ressourcen:

- Zugfahren: seat61.com bietet eine umfassende praktische Anleitung zu Zugreisen weltweit.
- Per Anhalter unterwegs? Auf hitchwiki.org gibt es verschiedene allgemeine Informationen, länderspezifische Informationen sowie Karten mit Orten, an denen andere bereits erfolgreich mitgenommen wurden.
- Unterkunft finden, einheimische Menschen kennenlernen oder einfach Mitreisende finden? Melde dich bei couchsurfing.com, warmshowers.org (bei Fahrradreisen) oder trustroots.org an.
- Auf Segelschiffen oder anderen Booten mitfahren und als Gegenleistung arbeiten? Frage persönlich in den Häfen an. Es gibt viele Reisende, die wir kennen, die damit erfolgreich waren. Oder sieh dich auf den Plattformen crewbay.com, crewseekers.net und sailingnetworks.com um.

- Frachtschiffreisen müssen meistens über Agenturen organisiert werden. Hierfür gibt es viele verschiedene Agenturen, wie zum Beispiel Hamburg Süd Reiseagentur, Fachreiseagentur für Seereisen Kap. Hoffmann, Internationale Frachtschiffreisen Pfeiffer GmbH, Kapitän Peter Zylmann, Langsamreisen, NSB Reisebüro oder die Reederei F. Laeisz.

Literaturverzeichnis

Albalate, D., & Bel, G. (Hg.). (2016). Evaluating high-speed rail: Inter-disciplinary perspectives. London, New York.

Alexander, S. (2014). Degrowth and the carbon budget: Powerdown strategies for climate stability. Simplicity Institute. Melbourne.

Alexander, S. (2015). Sufficiency Economy. Melbourne, Australien.

Alexander, S., & Gleeson, B. (2018). Degrowth in the Suburbs – A Radical Urban Imaginary. Singapur.

Aljazeera. (2017). Floods kill over 1,200 in India, Nepal and Bangla-desh; https://www.aljazeera.com/news/2017/08/floods-kill-1200-india-nepal-bangladesh-170826230610924.html [19.12.19].

Allianz pro Schiene (2018). Welchem Verkehrsträger die Mehrwert-steuer schadet – und welchem sie nützt. Verband Allianz pro Schiene; https://www.allianz-pro-schiene.de/themen/aktuell/ueberblick-welchem-verkehrstraeger-die-mehrwertsteuer-schadet-und-welchem-sie-nuetzt/ [19.12.19].

Álvarez, A. G. (2010). Energy consumption and emissions of high-speed trains. Transportation Research Record, 2159(1), 27–35.

Am Boden bleiben (2019). https://www.ambodenbleiben.de/ [19.12.19].

Anderson, K. (2012). The inconvenient truth of carbon offsets. Nature News 484, 7.

Anderson, K. (2016). A succinct account of my view on individual and collective action. kevinanderson.info; https://kevinanderson.info/blog/a-succinct-account-of-my-view-on-individual-and-collective-action/ [19.12.19].

Anderson, K. (2018). Response to the IPCC 1.5° C Special Report. Manchester Policy Blogs; http://blog.policy.manchester.ac.uk/posts/2018/10/response-to-the-ipcc-1-5c-special-report/ [19.12.19].

Anderson, K., & Peters, G. (2016). The trouble with negative emissions. Science, 354(6309), 182–183.

atmosfair gGmbH. (2016) atmosfair Flight Emissions Calculator – Documentation of the Method and Data. atmosfair gGmbH:

Berlin; https://www.atmosfair.de/wp-content/uploads/atmos-fair-flight-emissions-calculator-englisch-1.pdf. [19.12.19].

atmosfair o.J.; https://www.atmosfair.de/de/kompensieren/flug/ [19.12.19].

Attari, S. Z., Krantz, D. H., & Weber, E. U. (2016). Statements about climate researchers' carbon footprints affect their credibility and the impact of their advice. Climatic Change, 138(1–2), 325–338.

Attari, S. Z., Krantz, D. H., & Weber, E. U. (2019). Climate change communicators' carbon footprints affect their audience's policy support. Climatic Change, 1–17.

Banerjee, N., Song, L. & Hasemyer, D. (2015). Exxon: The Road Not Taken. Inside Climate News; http://insideclimatenews.org/content/exxon-the-road-not-taken [19.12.19].

BDL o.J. Die Luftfahrt investiert Milliarden in energieeffizientes Fliegen. Bundesverband der Deutschen Luftverkehrswirtschaft; https://www.bdl.aero/de/themen-positionen/nachhaltigkeit/klimaschutz/ [19.12.19].

Böcking, D. (2014). Reiseverhalten von Grünen-Wählern: Bahn predigen, Business fliegen. Spiegel Online; https://www.spiegel.de/wirtschaft/unternehmen/gruenen-waehler-halten-rekord-bei-flug-reisen-a-1002376.html [19.12.19].

Bottollier-Depois, A., & Hood, M. (2018). India's devastating rains match climate change forecasts. Phys.Org; https://phys.org/news/2018-08-india-devastating-climate.html [19.12.19].

Bows-Larkin, A. (2015). All adrift: aviation, shipping, and climate change policy. Climate Policy 15(6), 681–702.

Bows-Larkin, A., Mander, S. L., Traut, M. B., Anderson, K. L., & Wood, F. R. (2016). Aviation and Climate Change – The Continuing Challenge. in: Encyclopedia of Aerospace Engineering (S. 1–11).

Brand, U., & Wissen, M. (2017). Imperiale Lebensweise. Zur Ausbeutung von Mensch und Natur im globalen Kapitalismus. München.

Broughton, E. (2019). These People Have Given Up Flying To Help The Environment. Huffington Post; https://www.huffpost.com/entry/giving-up-flying-environment-climate-change-aviation_n_5c7fc33de4b06ff26ba43dc7?guccounter=1&guce_referrer=aHR0cHM6Ly93d3cuZ29vZ2xlLmNvbS8&guce_refer-

rer_sig=AQAAAAEXU5Rq4_atY2gJ0nvVBy7oN6f9yJdQZb-
Wjq7mfRxv0Xme3RiOmBM_mj19gISWRM8pAnRz2-Idy-
DeM6pJeOJ675qlg5Zmi5AnEGRnrNwUdGVvHYrQcWsOyYGg-
Poqei-XrrW4ZWk9T1yfO_Els8o9BYIyv0GtVYg9kyLYtOXxOdk
[19.12.19].

Buchs, M. (2019). University sector must tackle air travel emissions. The
Conversation; http://theconversation.com/university-sector-must-
tackle-air-travel-emissions-118929 [19.12.19].

Burke, K. D., Williams, J. W., Chandler, M. A., Haywood, A. M., Lunt,
D. J., & Otto-Bliesner, B. L. (2018). Pliocene and Eocene provide
best analogs for near-future climates. Proceedings of the National
Academy of Sciences, 115(52).

Burkhart, C., Schmelzer, M., & Treu, N. (Hg.). (2017). Degrowth in
Bewegung(en): 32 alternative Wege zur sozial-ökologischen Transformation. München.

Cames, D. M., et al. (2016). How additional is the Clean Development
Mechanism? Öko-Institut e.V.: Berlin.

Cames, M., Graichen, J., Siemons, A., & Cook, V. (2015). Emission
Reduction Targets for International Aviation and Shipping – Study
for the ENVI Committee. European Union: Brüssel;
http://www.europarl.europa.eu/thinktank/en/document.html?
reference=IPOL_STU(2015)569964 [19.12.19].

Carbon Brief (2019). Which countries have emitted the most CO_2?
Youtube https://www.youtube.com/watch?v=jx85qK1ztAc
[19.12.19].

CCC. (2008). Building a low-carbon economy-the UK's contribution to
tackling climate change. Climate Change Committee. London.

CCC. (2019). Net Zero the UK's contribution to stopping global warming. Committee on Climate Change.

Cornet, Y., Dudley, G., & Banister, D. (2018). High Speed Rail: Impli-
cations for carbon emissions and biodiversity. Case studies on transport policy, 6(3), 376–390.

Coumou, D., & Rahmstorf, S. (2012). A decade of weather extremes.
Nature Climate Change 2, 491–496.

Creutzig, F., Roy, J., Lamb, W. F., Azevedo, I. M., De Bruin, W. B., Dalk-
mann, H., Edelenbosch, O. Y., Geels, F.W., Grubler, A., Hepburn,

C. & Hertwich, E. G. (2018). Towards demand-side solutions for mitigating climate change. Nature Climate Change, 8(4), 260.

Czepkiewicz, M., Árnadóttir, Á. & Heinonen, J. (2019). Flights Dominate Travel Emissions of Young Urbanites. Sustainability 11(22), 6340.

D'Alisa, G., Demaria, F., & Kallis, G. (Hg.). (2014). Degrowth: a vocabulary for a new era. Oxon und New York.

Dutch News (2019). Phase out Amsterdam to Brussels flights, Dutch MPs say. DutchNews.nl; https://www.dutchnews.nl/news/2019/03/phase-out-amsterdam-to-brussels-flights-dutch-mps-say/ [19.12.19].

Ecolise (2019). Ecolise 2019 General Assembly. Participating remotely. Ecolise; https://www.conferize.com/ecolise/2019-ga/no-travel [19.12.19].

ETH Zürich (2017). Virtual Conference. ETH Zürich; https://ethz.ch/en/the-eth-zurich/sustainability/campus/environment/mobility/virtuelle-konferenz.html [19.12.19].

ETH Zürich (2019). Carbon-neutral fuel made from sunlight and air. ETH Zürich; https://www.ethz.ch/en/news-and-events/eth-news/news/2019/06/pr-solar-mini-refinery.html [19.12.19].

ETH Zürich (2019a). Stay grounded, keep connected. ETH Zürich; https://ethz.ch/services/de/organisation/schulleitung/vizepraesident-personal-und-ressourcen/mobilitaetsplattform/flugreisen.html [19.12.19].

Faber, J., Aoife O'Leary, A., & Mendes de Leon, P. (2018). Taxing Aviation Fuels in the EU. CE Delft; https://cedelft.org/en/publications/download/2693 [19.12.19].

Fahey, D. W., & Lee, D. S. (2016). Aviation and Climate Change: A Scientific Perspective. *Carbon & Climate Law Review* 10(2), 8.

Farquharson, L. M., Romanovsky, V. E., Cable, W. L., Walker, D. A., Kokelj, S., & Nicolsky, D. (2019). Climate change drives widespread and rapid thermokarst development in very cold permafrost in the Canadian High Arctic. Geophysical Research Letters, 46, 6681–6689.

Fellow Travellers. (2019). About. A Free Ride; http://afreeride.org [19.12.19].

Flugstreik. (2019). https://flugstreik.earth [19.12.19].

Fontana, G., & Keyßer, L. (2018). Calculation of CO_2 emissions. Comparison of flight emissions vs. train ride & freighter from Zürich to Sydney; https://docs.google.com/document/d/1vSaZTLMO-FjJgsF17W1DwlTM_cXMkAPrulPx0aE27g8/edit?usp=sharing [19.12.19].

Ganopolski, A., Winkelmann, R., & Schellnhuber, H. J. (2016). Critical insolation – CO_2 relation for diagnosing past and future glacial inception. Nature, 529(7585), 200–203.

GLOBAL 2000. (2019). Keine dritte Piste für den Flughafen Wien! GLOBAL 2000; https://www.global2000.at/dritte-startbahn-flughafen-wien [19.12.19].

Global Carbon Atlas. (2018). CO_2 Emissions. Global Carbon Atlas; http://www.globalcarbonatlas.org/en/CO_2-emissions [19.12.19].

Gombiner, J. (2011). Carbon footprinting the internet. Consilience, (5), 119–124.

Gore, T. (2015). Extreme Carbon Inequality. Oxfam International; https://www.oxfam.org/en/research/extreme-carbon-inequality [19.12.19].

Gössling, S. (2019). Celebrities, air travel, and social norms. Annals of Tourism Research 79, 102775.

Griffin, D. P. (2017). The Carbon Majors Database. CDP Carbon Majors Report 2017. Carbon Disclosure Project.

Hausfather, Z. (2019). Explainer: The high-emissions RCP8.5 global warming scenario. Carbon Brief; https://www.carbonbrief.org/explainer-the-high-emissions-rcp8-5-global-warming-scenario [19.12.19].

Heinrich-Böll-Stiftung & Airbus Group. (2016). Oben – Ihr Flugbegleiter. Heinrich Böll Stiftung & Airbus Group. Berlin.

Heinrich-Böll-Stiftung. (2016). Über die Zukunft des Fliegens. Heinrich-Böll-Stiftung; https://www.boell.de/de/2016/06/01/nachhaltiges-fliegen [19.12.19].

Heuwieser, M. (2015). Grüner Kolonialismus in Honduras. amerika21; https://amerika21.de/analyse/117612/gruener-kolonialismus-honduras [19.12.19].

Heuwieser, M. (2017). Grünes Fliegen – gibt es das? Finance &

Trade Watch: Wien; https://stay-grounded.org/wp-content/
uploads/2019/02/Gruenes-Fliegen.pdf [19.12.19].

Hickel, J. (2019). The scandal of British aid. Jason Hickel (Blog);
https://www.jasonhickel.org/blog/2019/1/25/the-scandal-of-
british-aid [19.12.19].

Hickel, J., & Kallis, G. (2019). Is Green Growth Possible?. New Political
Economy, 1-18.

Höhne, N., Emmrich, J., Fekete, H. & Kuramochi, T. (2019). 1,5° C:
Was Deutschland tun muss. New Climate Institute, 1–25.

IMO. (2019). Green House Gas Emissions, GHG emissions from international shipping. International Maritime Organization;
http://www.imo.org/en/OurWork/Environment/PollutionPreven-
tion/AirPollution/Pages/GHG-Emissions.aspx [19.12.19].

IPCC. (2018). Global Warming Of 1.5° C – an IPCC special report on
the impacts of global warming of 1.5° C above pre-industrial levels
and related global greenhouse gas emission pathways, in the context
of strengthening the global response to the threat of climate change,
sustainable development, and efforts to eradicate poverty. Intergovernmental Panel on Climate Change. Incheon.

Isenson, N. (2019). Swedes switch to trains due to global warming.
Deutsche Welle; https://www.dw.com/en/swedes-switch-to-trains-
due-to-global-warming/a-49033136-0 [19.12.19].

Jackson, R. B., Le Quéré, C., Andrew, R. M., Canadell, J. G., Korsbakken,
J. I., Liu, Z., Peters, G. P., & Zheng, B. (2018). Global energy growth
is outpacing decarbonization. Environmental Research Letters,
13(12), 120401.

Jackson, T. (2017). Wohlstand ohne Wachstum – das Update: Grund-
lagen für eine zukunftsfähige Wirtschaft. München.

Kallis, G. (2018). Degrowth. Newcastle-upon-Tyne.

Kalmus, P. (2016). How Far Can We Get Without Flying?. YES! Maga-
zine; https://www.yesmagazine.org/issues/life-after-oil/how-far-
can-we-get-without-flying-20160211 [19.12.19].

Kamp, C. (2017). Zwei Jahre nach Paris: Flugverkehrsemissionen –
doppelt ausgeklammert. Deutsche Gesellschaft für die Vereinten Nationen e.V.; https://dgvn.de/meldung/zwei-jahre-nach-paris-flug-
verkehrsemissionen-doppelt-ausgeklammert/ [19.12.19].

Kasang, D., & Hermans, A. (2019). Hitzewellen Europa – Klimawandel. Wiki Bildungsserver Klimawandel; http://wiki.bildungsserver.de/ klimawandel/index.php/Hitzewellen_Europa [19.12.19].

Keller, S. (2019). Luftverkehr – Beförderte Passagiere in Deutschland bis 2018. Statistisches Bundesamt; https://de.statista.com/statistik/daten/studie/12552/umfrage/ befoerderte-personen-im-luftverkehr/ [19.12.19].

Klimaschutz-Portal .o.J. Die Herstellung von Biokerosin aus Biomasse. Klimaschutz-Portal; https://www.klimaschutz-portal.aero/klimaneutral-fliegen/ alternative-kraftstoffe/kerosin-aus-biomasse/ [19.12.19].

Knolle, K. (2017). Vienna Airport appeals against ban on expansion. Reuters; https://www.reuters.com/article/us-vienna-airport-runway/vienna-airport-appeals-against-ban-on-expansion-idUSKBN16U0T4 [19.12.19].

Krammer, P., Dray, L., & Köhler, M. O. (2013). Climate-neutrality versus carbon-neutrality for aviation biofuel policy. Transportation Research Part D: Transport and Environment 23, 64–72.

Kulp, S. A., & Strauss, B. H. (2019). New elevation data triple estimates of global vulnerability to sea-level rise and coastal flooding. Nature communications, 10(1), 1–12.

Le Quéré, C., Korsbakken, J. I., Wilson, C., Tosun, J., Andrew, R., Andres, R. J., Canadell, J. G., Jordan, A., Peters, G. P. & van Vuuren, D. P. (2019). Drivers of declining CO_2 emissions in 18 developed economies. Nature Climate Change, 9(3), 213.

Leff, G. (2019). Government Wants to Ban Flights Between Amsterdam and Brussels. View from the Wing; https://viewfromthewing.com/government-wants-to-ban-flights-between-amsterdam-and-brussels/ [19.12.19].

Lenton, T. M., Held, H., Kriegler, E., Hall, J. W., Lucht, W., Rahmstorf, S., & Schellnhuber, H. J. (2008). Tipping elements in the Earth's climate system. Proceedings of the national Academy of Sciences, 105(6), 1786–1793.

Lorenzetti, L. (2015). Exxon Has Known About Climate Change Since the 1970s. Fortune; https://fortune.com/2015/09/16/exxon-climate-change/ [19.12.19].

Mackinger, C. (2019). Massenprotest gegen Flughafenausbau. klima-reporter°; http://www.klimareporter.de/protest/massenprotest-gegen-flughafenausbau [19.12.19].

Mander, S., Anderson, K., Larkin, A., Gough, C., & Vaughan, N. (2017). The role of bio-energy with carbon capture and storage in meeting the climate mitigation challenge: A whole system perspective. Energy Procedia, 114, 6036–6043.

Minx, J. C., Lamb, W. F., Callaghan, M. W., Fuss, S., Hilaire, J., Creutzig, F., Amann, T., Beringer, T., de Oliveira Garcia, W., Hartmann, J., & Khanna, T. (2018). Negative emissions – Part 1: Research landscape and synthesis. Environmental Research Letters, 13(6), 063001

Monbiot, G. (2019). The Mind Hackers. George Monbiot; https://www.monbiot.com/2019/01/06/the-mind-hackers/ [19.12.19].

Monbiot, G. (2019a). The natural world can help save us from climate catastrophe. George Monbiot. The Guardian; https://www.theguardian.com/commentisfree/2019/apr/03/natural-world-climate-catastrophe-rewilding [19.12.19].

Mora, C., Dousset, B., Caldwell, I. R., Powell, F. E., Geronimo, R. C., Bielecki, C. R., Counsell, C. W., Dietrich, B. S., Johnston, E. T., Louis, L. V. & Lucas, M. P. (2017). Global risk of deadly heat. Nature Climate Change, 7(7), 501.

Myclimate. (2018). Calculate and Compensate for your Emissions!. Myclimate; https://co2.myclimate.org/en [19.12.19].

Nemet, G. F., Callaghan, M. W., Creutzig, F., Fuss, S., Hartmann, J., Hilaire, J., Lamb, W. F., Minx, J. C., Rogers, S., & Smith, P. (2018). Negative emissions – Part 3: Innovation and upscaling. Environmental Research Letters, 13(6), 063003.

Netzwerk Solidarische Landwirtschaft. (2019). Startseite. Netzwerk Solidarische Landwirtschaft; https://www.solidarische-landwirtschaft.org/startseite/ [19.12.19].

Nieto, J., Carpintero, Ó., Miguel, L. J., & de Blas, I. (2019). Macroeconomic modelling under energy constraints: Global low carbon transition scenarios. Energy Policy, 111090.

No Fly Climate Sci. (2019). Welcome. Earth scientists flying less; https://noflyclimatesci.org/ [19.12.19].

Otto, I. M., Kim, K. M., Dubrovsky, N., & Lucht, W. (2019). Shift the focus from the super-poor to the super-rich. Nature Climate Change 9(2), 82.

Parrique, T., Barth, J., Briens, F., Kerschner, C., Kraus-Polk, A., Kuokkanen, A., & Spangenberg, J. H. (2019). Decoupling debunked: Evidence and arguments against green growth as a sole strategy for sustainability. European Environmental Bureau. Brüssel.

Patt, A. (2015). Transforming energy: Solving climate change with technology policy. New York.

Pearse, R. (2017). Gender and climate change. Wiley Interdisciplinary Reviews: Climate Change, 8(2), e451.

Peeters, P., Higham, J., Kutzner, D., Cohen, S. & Gössling, S. (2016). Are technology myths stalling aviation climate policy? Transportation Research Part D: Transport and Environment 44, 30–42.

Pidcock, R., Pearce, R. ,& McSweeney, R. (2019). How climate change affects extreme weather around the world. Carbon Brief; https://www.carbonbrief.org/mapped-how-climate-change-affects-extreme-weather-around-the-world [19.12.19].

Pidcock, R., Yeo, S. (2016). Analysis: Aviation could consume a quarter of 1.5C carbon budget by 2050. Carbon Brief; https://www.carbon-brief.org/aviation-consume-quarter-carbon-budget [19.12.19].

Polimeni, J. M., Mayumi, K., Giampietro, M., & Alcott, B. (2008). The Jevons paradox and the myth of resource efficiency improvements. London.

Popper, A. N., & Hawkins, A. (Hg.). (2012). The effects of noise on aquatic life. (Vol. 730). New York.

Raab, K. (2019). Der dumme Weltbürger. Die Zeit v. 17.09.19; https://www.zeit.de/entdecken/reisen/2019-05/flugscham-fliegen-reisen-umwelt-oekologisch-co2 [19.12.19].

Rahmstorf, S., Emanuel, K., Mann, M. & Kossin, J. (2018). Does global warming make tropical cyclones stronger? RealClimate; http://www.realclimate.org/index.php/archives/2018/05/does-global-warming-make-tropical-cyclones-stronger/ [19.12.19].

Reh, W., Breidenbach, H., Jäcker-Cüppers, M., Lege, M., Mahler, A., Müller-Görnert, M. Zimmermann, A., Mergner, R., Schreiber, A., Treudt, G. (2015). NGO-Luftverkehrskonzept – Schritte zu einem zukunftsfähigen und umweltverträglichen Luftverkehr in Deutschland. BUND. Berlin.

Rich, N. (2018). Losing Earth: The Decade We Almost Stopped Climate Change. The New York Times; https://www.nytimes.com/interactive/2018/08/01/magazine/climate-change-losing-earth.html [19.12.19].

Rosa, H. (2005). Beschleunigung. Die Veränderung der Zeitstrukturen in der Moderne. Frankfurt am Main.

Rosa, H., Dörre, K., & Lessenich, S. (2017). Appropriation, activation and acceleration: The escalatory logics of capitalist modernity and the crises of dynamic stabilization. Theory, Culture & Society, 34(1), 53–73.

Salomon, M., & Markus, T. (Hg.). (2018). Handbook on Marine Environment Protection: Science, Impacts and Sustainable Management.

Schmelzer, M., & Vetter, A. (2019). Degrowth/Postwachstum zur Einführung. Hamburg.

Siemoneit, A. (2019). An offer you can't refuse: Enhancing personal productivity through efficiency consumption. Technology in Society, 59, 101181.

Simplicity Institute. (2019). Take Action. Simplicity Institute; http://simplicityinstitute.org/take-action [19.12.19].

Slaughter, A., & Odume, N. (2017). Why flooding in Nigeria is an increasingly serious problem. The Conversation; http://theconversation.com/why-flooding-in-nigeria-is-an-increasingly-serious-problem-82272 [19.12.19].

Smith, P. (2018). Guest post: How use of land in pursuit of 1.5C could impact biodiversity. Carbon Brief; https://www.carbonbrief.org/guest-post-how-use-of-land-in-pursuit-of-1-5c-could-impact-biodiversity. [19.12.19].

Smith, T. (Hg.) (2019). Degrowth of Aviation – Reducing Air Travel in a Just Way. Stay Grounded; https://stay-grounded.org/report-degrowth-of-aviation/ [19.12.19].

Sodha, S. (2018). A radical way to cut emissions – ration everyone's flights. The Guardian; https://www.theguardian.com/commentisfree/2018/may/09/cut-emissions-flights-air-travel-flying [19.12.19].

SPON. (2019). Plötzlich gibt es »Flugscham«. Spiegel Online v.
12.04.19; https://www.spiegel.de/reise/aktuell/umweltbewusst-
reisen-flugscham-versus-boomenden-flugverkehr-a-1262513.html
[19.12.19].

Spratt, D. (2016). Unravelling the myth of a carbon budget for 1.5C.
Climate Code Red; http://www.climatecodered.org/2016/09/un-
ravelling-myth-of-carbon-budget-for.html [19.12.19].

Stay Grounded. (2019). Positionspapier. Stay Grounded;
https://stay-grounded.org/position-paper/position-paper-de/
[19.12.19].

Stay Grounded. (2019a). Conference Degrowth of Aviation. Stay
Grounded; https://stay-grounded.org/conference/ [19.12.19].

Stay Grounded. (2019b). Initiative for EU Kerosene Tax. Stay Grounded; https://stay-grounded.org/initiative-for-eu-kerosene-tax/
[19.12.19].

Stay Grounded. (2019c). The System and/or the Behaviour? What do
we need to change? A Discussion and a Webinar. Stay Grounded;
https://stay-grounded.org/the-system-and-or-the-behaviour-what-
do-we-need-to-change-a-discussion-and-a-webinar/ [19.12.19].

Stay Grounded. (2019d). Summary of the Webinar System and/or
Behaviour Change? Stay Grounded;
https://stay-grounded.org/summary-of-the-webinar-system-and-
or-behaviour-change/ [19.12.19].

Steffen, W., Rockström, J., Richardson, K., Lenton, T. M., Folke, C.,
Liverman, D., Summerhayes, C. P., Barnosky, A. D., Cornell, S. E.,
Crucifix, M., & Donges, J. F. (2018). Trajectories of the Earth Sys-
tem in the Anthropocene. Proceedings of the National Academy of
Sciences, 115(33), 8252–8259.

Steinberger, J. (2018). An Audacious Toolkit: Actions Against Climate
Breakdown (Part 1: A is for Advocacy). Medium; https://medium.
com/@JKSteinberger/an-audacious-toolkit-actions-against-climate-
breakdown-part-1-a-is-for-advocacy-7baa108f00e9 [19.12.19].

Steinberger, J. (2018a) An Audacious Toolkit: Actions Against Climate
Breakdown (Part 2: D is for Divest). Medium; https://medium.
com/@JKSteinberger/an-audacious-toolkit-actions-against-climate-
breakdown-part-2-d-is-for-divest-9bbcbc694348 [19.12.19].

Steinberger, J. (2018b). An Audacious Toolkit: Actions Against Climate Breakdown (Part 3: I is for Individual). Medium; https://medium.com/@JKSteinberger/an-audacious-toolkit-actions-against-climate-breakdown-part-3-i-is-for-individual-f510ee035e13 [19.12.19].

Stohl, A. (2008). The travel-related carbon dioxide emissions of atmospheric researchers. Atmos. Chem. Phys. 8, 6499–6504.

Storme, T., Faulconbridge, J. R., Beaverstock, J. V., Derudder, B. & Witlox, F. (2017). Mobility and Professional Networks in Academia: An Exploration of the Obligations of Presence. Mobilities 12(3), 405–424.

Stratton, R. W., Wolfe, P. J., & Hileman, J. I. (2011). Impact of Aviation Non-CO_2 Combustion Effects on the Environmental Feasibility of Alternative Jet Fuels. Environ. Sci. Technol. 45, 10736–10743.

Timperley, J. (2017). Explainer: The challenge of tackling aviation's non-CO_2 emissions. Carbon Brief; https://www.carbonbrief.org/explainer-challenge-tackling-aviations-non-co2-emissions [19.12.19].

Timperley, J. (2018). Explainer: These six metals are key to a low-carbon future. Carbon Brief; https://www.carbonbrief.org/explainer-these-six-metals-are-key-to-a-low-carbon-future [19.12.19].

Timperley, J. (2019). Corsia: The UN's plan to ›offset‹ growth in aviation emissions after 2020. Carbon Brief; https://www.carbonbrief.org/corsia-un-plan-to-offset-growth-in-aviation-emissions-after-2020 [19.12.19].

Transition Network. (2019). A movement of communities coming together to reimagine and rebuild our world. Transition Network; https://transitionnetwork.org/ [19.12.19].

Traut, M., Larkin, A., Anderson, K., McGlade, C., Sharmina, M., & Smith, T. (2018). CO_2 abatement goals for international shipping. Climate policy, 18(8), 1066–1075.

Turetsky, M. R., Abbott, B. W., Jones, M. C., Anthony, K. W., Olefeldt, D., Schuur, E. A., Koven, C., McGuire, A. D., Grosse, G., Kuhry, P., & Hugelius, G. (2019). Permafrost collapse is accelerating carbon release. Nature, 569 (32).

UBA. (2018). Vergleich der durchschnittlichen Emissionen einzelner Verkehrsmittel im Personenverkehr. Umweltbundesamt;

https://www.umweltbundesamt.de/themen/verkehr-laerm/emis-sionsdaten?sprungmarke=verkehrsmittelvergleich_personenver-kehr#verkehrsmittelvergleich_personenverkehr [19.12.19].

UNEP. (2018). The Emissions Gap Report 2018. United Nations En-vironment Programme. Nairobi, Kenia.

Vaughan, N. E., & Gough, C. (2016). Expert assessment concludes nega-tive emissions scenarios may not deliver. Environmental research letters, 11(9), 095003.

Walker, T. R., Adebambo, O., Feijoo, M. C. D. A., Elhaimer, E., Hossain, T., Edwards, S. J., Morrison, C. E., Romo, J., Sharma, N., Taylor, S., & Zomorodi, S. (2019). Environmental effects of marine transpor-tation. In World Seas: An Environmental Evaluation (S. 505–530). London.

Wallace-Wells, D. (2017). The Uninhabitable Earth, Annotated Edition. Intelligencer; http://nymag.com/intelligencer/2017/07/climate-change-earth-too-hot-for-humans-annotated.html [19.12.19].

Wallace-Wells, D. (2018). UN Says Climate Genocide Is Coming. It's Actually Worse Than That. Intelligencer; http://nymag.com/intelligencer/2018/10/un-says-climate-genocide-coming-but-its-worse-than-that.html [19.12.19].

Warland, L., & Hilty, L. (2016). Factsheet: Business Travel. University of Zurich. Zürich.

WBG. (2019). Air transport, passengers carried. World Bank Group; https://data.worldbank.org/indicator/IS.AIR.PSGR [19.12.19].

We Stay on the Ground. (2019). Flight Free 2020. We Stay on the Ground; https://westayontheground.blogspot.com/p/flight-free-2020.html [19.12.19].

Welin, M., & Singh, S. (2018). Would you pledge not to fly for a year? The two Swedish mums who want people to give up flying for a year. BBC; https://www.bbc.com/news/av/world-europe-46362159/the-two-swedish-mums-who-want-people-to-give-up-flying-for-a-year [19.12.19].

Westin, J., & Kågeson, P. (2012). Can high speed rail offset its embed-ded emissions?. Transportation Research Part D: Transport and Environment, 17(1), 1–7.

Westlake, S. (2017). A Counter-Narrative to Carbon Supremacy: Do Leaders Who Give Up Flying Because of Climate Change Influence the Attitudes and Behaviour of Others? SSRN Electronic Journal.

Westlake, S. (2019). Climate change: yes, your individual action does make a difference. The Conversation; http://theconversation.com/climate-change-yes-your-individual-action-does-make-a-difference-115169.

Wheeling, K. (2017). How Climate Change Contributed to Massive Floods in South Asia. Pacific Standard; https://psmag.com/environment/how-climate-change-contributed-to-massive-floods-in-south-asia [19.12.19].

Wilde, P. (2019). Calling Upon Universities and Professional Associations to Greatly Reduce Flying – Further Information and Frequently Asked Questions. FlyingFAQ_v3; https://docs.google.com/document/d/1URRRh4zMSpvtZY08F9-Rkbx0qkNNmfzIzqOlqZWKxkE/edit [19.12.19].

Wolff, R. (2019). Schweden fliegen immer weniger. taz; https://taz.de/Klimafreundliches-Fortbewegen/!5622495/ [19.12.19].

WWA. (2019). WWA analyses of extreme weather events. World Weather Attribution; https://www.worldweatherattribution.org/analyses/ [19.12.19].

WWF Schweiz. (2015). Flugverkehr. WWF Schweiz; https://www.wwf.ch/de/unsere-ziele/flugverkehr [19.12.19].

Wynes, S., & Nicholas, K. A. (2017). The climate mitigation gap: education and government recommendations miss the most effective individual actions. Environ. Res. Lett. 12(7), 074024.

Wynes, S., Donner, S. D., Tannason, S., & Nabors, N. (2019). Academic air travel has a limited influence on professional success. Journal of Cleaner Production, 226, 959-967.

Zeroual, O., Muri, F. (2019). ETH zündet Energierevolution – Aus Sonnenlicht und Luft entsteht Benzin. Schweizer Radio und Fernsehen (SRF); https://www.srf.ch/news/wirtschaft/eth-zuendet-energie-revolution-aus-sonnenlicht-und-luft-entsteht-benzin [19.12.19].

Quellenverzeichnis

1 Kasang, D., & Hermans, A. (2019).
2 Coumou, D., & Rahmstorf, S. (2012).
3 Slaughter, A., & Odume, N. (2017).
4 Wheeling, K. (2017).
5 Bottollier-Depois, A., & Hood, M. (2018).
6 Aljazeera (2017).
7 Rahmstorf et al. (2018).
8 WWA (2019).
9 Pidcock et al. (2019).
10 Hier und im Folgenden IPCC (2018).
11 Gore, T. (2015).
12 Pearse, R. (2017).
13 Kulp, S. A., & Strauss, B. H. (2019).
14 Rich, N. (2018).
15 Lorenzetti, L. (2015).
16 Banerjee et al. (2015).
17 Burke et al. (2018).
18 Steffen et al. (2018).
19 Ganopolski et al. (2016).
20 Jackson et al. (2018).
21 UNEP (2018).
22 Griffin, D. P. (2017).
23 Gore, T. (2015).
24 Anderson, K. (2018).
25 Carbon Brief (2019).
26 Pearse, R. (2017).
27 IPCC (2018).
28 Spratt, D. (2016).
29 Steffen et al. (2018).
30 IPCC (2018).
31 Steffen et al. (2018).
32 Lenton et al. (2008).
33 Steffen et al. (2018).
34 Farquharson et al. (2019).
35 Turetsky et al. (2019).
36 IPCC (2018).
37 Hausfather, Z. (2019).
38 Wallace-Wells, D. (2018).
39 Wallace-Wells, D. (2017).
40 Mora et al. (2017).
41 IPCC (2018).
42 IPCC (2018).
43 Minx et al. (2018).
44 Nemet et al. (2018).
45 Minx et al. (2018).
46 Anderson, K., & Peters, G. (2016).
47 Vaughan, N. E., & Gough, C. (2016).
48 Mander et al. (2017).
49 Höhne et al. (2019).
50 IPCC (2018).
51 Patt, A. (2015).
52 Creutzig et al. (2018).
53 CCC (2008).
54 Hickel, J., & Kallis, G. (2019).
55 Patt, A. (2015).
56 Jackson et al. (2018).
57 Le Quéré et al. (2019).
58 Parrique et al. (2019).

[59] Alexander, S. (2014).
[60] Nieto et al. (2019).
[61] Jackson et al. (2018).
[62] Brand, U., & Wissen, M. (2017).
[63] Schmelzer, M., & Vetter, A. (2019).
[64] Timperley, J. (2019).
[65] Global Carbon Atlas (2018).
[66] Heuwieser, M. (2017).
[67] atmosfair (2016).
[68] Fahey, D. W. & Lee, D. S. (2016).
[69] Cames et al. (2015).
[70] Bows-Larkin, A. (2015).
[71] Pidcock, R., Yeo, S. (2016).
[72] Heuwieser, M. (2017).
[73] Stay Grounded (2019).
[74] Fellow Travellers (2019).
[75] Otto et al. (2019).
[76] Kalmus, P. (2016).
[77] Czepkiewicz et al. (2019).
[78] Atmosfair o.J.
[79] Myclimate (2018).
[80] Wynes, S., & Nicholas, K. A. (2017).
[81] WWF Schweiz (2015).
[82] Gössling, S. (2019).
[83] Heinrich-Böll-Stiftung & Airbus Group (2016).
[84] Böcking, D. (2014).
[85] Stohl, A. (2008).
[86] Storme et al. (2017).
[87] BDL o.J.
[88] Heinrich-Böll-Stiftung (2016).
[89] Heuwieser, M. (2017).
[90] Bows-Larkin, A. (2015).
[91] Bows-Larkin et al. (2016).
[92] BDL o.J.
[93] Bows-Larkin et al. (2016).
[94] Polimeni et al. (2008).
[95] Timperley, J. (2017).
[96] Peeters et al. (2016).
[97] Timperley, J. (2018).
[98] Klimaschutz-Portal.
[99] Bows-Larkin, A. (2015).
[100] Minx et al. (2018).
[101] Smith, P. (2018).
[102] Krammer et al. (2013).
[103] Zeroual, O., Muri, F. (2019).
[104] ETH Zürich. (2019).
[105] Stratton et al. (2011).
[106] Peeters et al. (2016).
[107] Bows-Larkin, A. (2015).
[108] CCC (2019).
[109] Timperley, J. (2019).
[110] Bows-Larkin, A. (2015).
[111] Atmosfair o.J.
[112] Myclimate (2018).
[113] Anderson, K. (2012).
[114] Hickel, J. (2019).
[115] Cames et al. (2016).
[116] Monbiot, G. (2019a).
[117] Mander et al. (2017).
[118] Heuwieser, M. (2017).
[119] Cames et al. (2016).
[120] Anderson, K. (2012).
[121] Heuwieser, M. (2015).
[122] Alexander, S., & Gleeson, B. (2018).
[123] Wilde, P. (2019).

124 Westlake, S. (2017).
125 Westlake, S. (2019).
126 Steinberger, J. (2018b).
127 Raab, K. (2019).
128 Wolff, R. (2019).
129 SPON (2019).
130 Wolff, R. (2019).
131 IMO (2019).
132 Walker et al. (2019).
133 Salomon, M., & Markus, T. (2018).
134 Popper, A. N., & Hawkins, A. (2012).
135 Traut et al. (2018).
136 Hier und im Folgenden Bows-Larkin, A. (2015).
137 Traut et al. (2018).
138 Fontana, G., & Keyßer, L. (2018).
139 Keller, S. (2019).
140 Heuwieser, M. (2017).
141 WBG (2019).
142 Stay Grounded (2019).
143 Stay Grounded (2019a).
144 Stay Grounded (2019b).
145 Am Boden bleiben (2019).
146 Welin, M. & Singh, S. (2018).
147 We Stay on the Ground (2019).
148 Flugstreik (2019).
149 ETH Zürich (2019a).
150 Buchs, M. (2019).
151 No Fly Climate Sci (2019).
152 Broughton, E. (2019).
153 Isenson, N. (2019).
154 Allianz pro Schiene (2018).

155 Hier und im Folgenden Heuwieser, M. (2017).
156 Kamp, C. (2017).
157 Timperley, J. (2019).
158 Warland, L., & Hilty, L. (2016).
159 Smith, T. (2019).
160 Monbiot, G. (2019).
161 Gössling, S. (2019).
162 Rosa et al. (2017).
163 Hier und im Folgenden Rosa, H. (2005).
164 Siemoneit, A. (2019).
165 Storme et al. (2017).
166 Wynes et al. (2019).
167 Heuwieser, M. (2017).
168 Smith, T. (2019).
169 Stay Grounded (2019a).
170 Reh et al. (2015).
171 Hier und im Folgenden Cornet et al. (2018).
172 Albalate, D., & Bel, G. (2016).
173 Álvarez, A. G. (2010).
174 Westin, J., & Kågeson, P. (2012).
175 Traut et al. (2018).
176 Bows-Larkin, A. (2015).
177 Smith, T. (2019).
178 ETH Zürich (2017).
179 Ecolise (2019).
180 Warland, L., & Hilty, L. (2016).
181 Gombiner, J. (2011).
182 Faber et al. (2018).
183 Smith, T. (2019).
184 Sodha, S. (2018).
185 Leff, G. (2019).
186 Dutch News (2019).

[187] Heuwieser, M. (2017).

[188] GLOBAL 2000 (2019).

[189] Knolle, K. (2017).

[190] Mackinger, C. (2019).

[191] Schmelzer, M., & Vetter, A. (2019).

[192] Alexander, S., & Gleeson, B. (2018).

[193] Kallis, G. (2018).

[194] Jackson, T. (2017).

[195] D'Alisa et al. (2014).

[196] Alexander, S. (2015).

[197] Transition Network (2019).

[198] Netzwerk Solidarische Landwirtschaft (2019).

[199] Schmelzer, M., & Vetter, A. (2019).

[200] Burkhart et al. (2017).

[201] Stay Grounded (2019c).

[202] Stay Grounded (2019d).

[203] Steinberger, J. (2018b).

[204] Anderson, K. (2016).

[205] Westlake, S. (2017).

[206] Attari et al. (2016).

[207] Attari et al. (2019).

[208] Steinberger, J. (2018b).

[209] Simplicity Institute (2019).

[210] Steinberger, J. (2018).

[211] Steinberger, J. (2018a).

[212] Simplicity Institute (2019).

[213] Burkhart et al. (2017).

[214] Simplicity Institute (2019).

[215] Steinberger, J. (2018)

[216] Steinberger, J. (2018a)

[217] Steinberger, J. (2018b)